U0584502

县委书记丁泉宁视察企业

县长苑正红检查农村工作

县老促会会长梁玉祯
陪同在甘南县工作过的
老领导视察老区工作

中国向日葵之乡欢迎您

历史回声

抗联英雄王明贵近照   马玉林 摄影

卫国杀敌，百战威名播塞北；
为民除害，千秋遗爱著甘南。   王贞亨 配诗

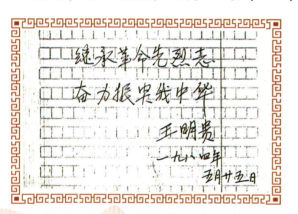

黑龙江省军区司令员王明贵为
甘南人民题词

中共甘南县委第一任县委书记
（时称县联合会政委）冯肖山同
志及夫人何南同志于1948年留影

甘南县第一届农民代表大会全体
与会代表摄影留念

富华生物药业有限公司

洽洽食品公司

鹤城酒业

飞鹤乳业

万亩人工林

水稻基地

飞鹤万头奶牛养殖场

音河水库

机械收割

大兴安岭脚下的灌溉王国

现代农业示范园区

甘南镇街景

城镇夜景

城市华夏广场

兴十四小镇全貌

第二中学

人民医院

青少年活动中心

体育训练健身馆

老年服务中心

春节晚会

甘南艺术节—书画展

甘南县革命老区发展史

甘南县老区建设促进会　编

黑龙江教育出版社

图书在版编目（CIP）数据

甘南县革命老区发展史 / 甘南县老区建设促进会编
. -- 哈尔滨 ：黑龙江教育出版社，2021.5
ISBN 978-7-5709-2205-5

Ⅰ．①甘… Ⅱ．①甘… Ⅲ．①甘南县－地方史 Ⅳ.
①K293.54

中国版本图书馆CIP数据核字(2021)第078439号

顾　　问　于万岭
丛书主编　杜吉明
副 主 编　白亚光　张利国　李树明　李　勃

甘南县革命老区发展史
Gannanxian Geming Laoqu Fazhanshi

甘南县老区建设促进会　编

责任编辑　高　璐
封面设计　朱建明
责任校对　杨　彬
出版发行　黑龙江教育出版社
地　　址　哈尔滨市道里区群力第六大道1305号
印　　刷　哈尔滨博奇印刷有限公司
开　　本　787毫米×1092毫米　1/16
印　　张　15.75
字　　数　210千
版　　次　2021年5月第1版
印　　次　2021年5月第1次印刷
书　　号　ISBN 978-7-5709-2205-5　　　定　价　38.00元

黑龙江教育出版社网址：www.hljep.com.cn
如需订购图书，请与我社发行中心联系。联系电话：0451-82533097　82534665
如有印装质量问题，影响阅读，请与我公司联系调换。联系电话：0451-51789011
如发现盗版图书，请向我社举报。举报电话：0451-82533087

———— 《甘南县革命老区发展史》 ————
编委会

主　任　梁玉祯
副主任　马传东　萧昱巍　王淑媛
成　员　范　辉　陈　黎　朱玉文
　　　　刘玉平　宋以华　董玉军
　　　　樊吉祥　郭振江　孙钦山

———— 《甘南县革命老区发展史》 ————
编写组

主　编　何文光　杨洪安
编　辑　纪世昌　李兴道
摄　像　王守信

总 序

在举国欢庆新中国成立70周年前夕，中国老区建设促进会王健会长请我为《全国革命老区县发展史》丛书作序，作为一名在老区战斗过并得到老区人民生死相助的老兵，回首往事，心潮澎湃，感慨万千，深感义不容辞，欣然应允。

中国革命老区，是以毛泽东为代表的中国共产党人在领导人民推翻帝国主义、封建主义和官僚资本主义三座大山，争取民族独立和人民解放伟大斗争中建立的革命根据地，在这片红色的土地上，诞生了无数可歌可泣的革命英雄儿女，为后人树起了一座不朽的丰碑。她是新中国的摇篮，是党和军队的根。

在艰苦卓绝的战争年代，老区人民把自己的命运与中华民族的命运紧紧地联系在一起，与中国共产党和人民军队的命运紧紧地联系在一起，他们生死相依，患难与共。我曾亲历过战争年代，并得到过老区红哥红嫂的救助，切身感受到发生在身边的一幕幕撼天动地的革命故事，在那极其艰难的条件下，老区人民倾其所有、破家支前，不怕艰难困苦，不怕流血牺牲。"最后一碗米送去做军粮，最后一尺布送去做军装，最后一件老棉袄盖在担架上，最后一个亲骨肉送去上战场"，这是当时伟大的老区人民为建立新中国做出巨大牺牲的真实写照，它将永远镌刻在中国共产党、中国人民解放军、中华人民共和国的历史丰碑上。他们的光辉业绩永载史册，他们的革命精神必将影响一代又一代的革命新人，造就一代又一代的民族脊梁。

在社会主义革命和建设时期，革命老区和老区人民响应党的号召，面对落后的面貌、脆弱的经济、恶劣的生态环境，他们本色不变，精神不丢，自力更生，艰苦奋斗，干一行爱一行。始终坚持"革命理想高于天"，自觉做共产主义远大理想的坚定信仰者和忠实实践者，勇于向恶劣的自然环境和贫穷落后宣战，他们在各条战线上为国建功立业，用平凡的双手创造了一个又一个不平凡的奇迹，彰显了老区人的崇高精神和人格力量。

在改革开放的伟大进程中，老区人民解放思想，勇于创新，发奋图强，攻坚克难，老区的经济社会建设取得了辉煌成就。特别是在改变中国的面貌、中华民族的面貌、中国人民的面貌、中国共产党的面貌的伟大实践中发挥了至关重要的作用。老区人民既是改革开放的参与者，也是改革开放的推动者。

艰苦练意志，危难见精神。老区人民在近百年的革命战争、社会主义建设和改革开放的伟大实践中，孕育形成了伟大的老区精神：爱党信党、坚定不移的理想信念；舍生忘死、无私奉献的博大胸怀；不屈不挠、敢于胜利的英雄气概；自强不息、艰苦奋斗的顽强斗志；求真务实、开拓创新的科学态度；鱼水情深、生死相依的光荣传统。这是党和人民宝贵的精神财富、丰厚的政治资源，是凝心聚力、振奋民族精神的重要法宝，也是社会主义核心价值观的重要内容。

中国老区建设促进会怀着强烈的政治责任感和历史使命感，组织全国各地老促会人员克服困难，尽心竭力编纂《全国革命老区县发展史》丛书，记录老区的光辉历史和辉煌成就，传承红色基因，弘扬老区精神，是功在当代，利及千秋的一件大事。手捧这部丛书的部分书稿，读着书中的故事，倍感亲切，深感这部丛书具有资政、育人、存史的社会功能，有着重要的时代和历史价值。它是不忘初心、牢记使命的源头活水，是赞颂共产党、讴歌老区人民的一部精品力作，是弘扬老区精神、传承红色记忆的丰厚载体，是一项继承优秀传统文化、弘扬革命文化、发展社会主义先进文化，坚定"四个自信"的宏大文化工程。它必将成为一种文化品牌，为各界人士了解老区宣传老区支持老区提供一部有价值的研究史料。希望读者朋友们能从中了解并牢记这些为党和民族的利益不断奉献的老区人民，从中得到教益，汲取人生奋斗的精神动力。

新时代赋予新使命，新起点开启新征程。让我们更加紧密地团结在以习近平同志为核心的党中央周围，坚持以习近平新时代中国特色社会主义思想为指导，增强"四个意识"，坚定"四个自信"，做到"两个维护"，弘扬老区精神，铭记苦难辉煌。为实现"两个一百年"奋斗目标，实现中华民族伟大复兴的中国梦做出新的更大的贡献！

2019 年 4 月 11 日

编写说明

2017年6月，中国老区建设促进会组织全国各地老促会启动编纂《全国革命老区县发展史》丛书，按照"建立中国共产党、成立中华人民共和国、推进改革开放和中国特色社会主义事业"三大里程碑的历史脉络，系统书写革命老区百年历史，深入挖掘革命老区红色文化资源，这对于充实丰富中国革命史籍宝库、在新时代传承红色基因、弘扬革命精神、强固根本，对于激励人们在新的历史条件下夺取中国特色社会主义伟大胜利，实现中华民族伟大复兴的中国梦具有重要意义。

丛书编纂以习近平新时代中国特色社会主义思想为指导，以《中国共产党历史》《中国共产党的九十年》等重要文献为基本依据，以党的领导为核心，以老区人民为主体，以老区发展为主线，体现历史进程特征，突出时代发展特色，坚持辩证唯物主义和历史唯物主义相统一、历史真实性与内容可读性相统一的原则，书写革命老区从站起来、富起来到强起来的光辉革命史、不懈奋斗史、辉煌成就史，把老区人民的伟大贡献、伟大创造、伟大成就、伟大精神充分展示出来，形成一部具有厚重历史特征和鲜明时代特色的精品力作。这是一部培根铸魂、守正创新，既为历史立言，又为时代服务，字里行间流淌着红色血脉、催生着革命激情的传世之作。丛书的编纂出版将成为讴歌党讴歌人民讴歌时代、传播红色文化、为革命老区和老区人民树碑立传的重要载体。丛书按照编年体与纪事本末体相结合、以编年体为主的编写体例确定框架结构；运用时经事纬、点面结合的方式记述史实；坚持人事结合、以事带人的原则处理人与事的关系；采取夹叙夹议、叙论结合以叙为主的方法展开内容。做到史料与史论、历史与现实、政治与学术统一，文献性、学术性、知识性相兼容。

为编纂好《全国革命老区县发展史》丛书，打造红色文化品牌，中国老区建设促进会认真组织积极协调，提出政治立场鲜明、史料真实准确、思想论述深刻、历史维度厚重、时代特色突出、编写体例规范、篇目布局合理、审读把关严格、出版制作精良的编纂出版总要求，力求达到革命史籍精品的精神高度、思想深度、知识广度、语言力度，增强丛书的权威性和社会影响力。各省（区、市）、市（州、盟）、县（市、区、旗）老促会的同志，以强烈的使命感、责任感和紧迫感，勇于担当，积极作为，认真实施，组织由老促会成员、专家学者等参加的十余万人编纂队伍。编纂工作主体责任在县，省、市组织协调、有力指导、审读把关。各方面人员以高度负责的精神和科学严谨的态度，满腔热情地投入工作，为丛书编纂出版做出了重要贡献。丛书编纂工作还得到了党和国家有关部委、地方各级党委政府及有关部门的大力支持和积极参与，社会各界也给予了热情帮助。中共中央政治局原委员、中央军委原副主席、原国务委员兼国防部长迟浩田上将，对老区人民怀有深厚感情，对革命老区建设发展十分关注，欣然为《全国革命老区县发展史》丛书作总序。

　　丛书由总册和1 599 部分册（每个革命老区县编纂1部分册）组成，共1 600 册。鉴于丛书所记述的史实内容多、时间跨度长和编纂时间紧，不妥之处，敬请批评指正。

中国老区建设促进会

目　录

序言 ··· 001

绪论 ··· 001

第一章　日伪政权统治下的甘南 ···················· 005

　　第一节　残酷的法西斯政治统治 ················ 006

　　第二节　野蛮的奴性化思想灌输 ················ 013

　　第三节　疯狂的经济掠夺 ······················ 014

第二章　东北抗联与甘南民众的抗日战争 ··········· 020

　　第一节　捣毁许家围子警察分驻所 ·············· 020

　　第二节　夜袭宝山镇伪警署 ···················· 022

　　第三节　严惩汉奸"棒子刘" ···················· 025

　　第四节　村民怒杀日本天皇舅父 ················ 026

　　第五节　民间武装抗击日军 ···················· 028

第三章　新生民主政权的建立与创建老区根据地 ····· 031

　　第一节　人民自卫军解放甘南 ·················· 031

　　第二节　地方民主政权的建立 ·················· 033

　　第三节　中共地方党组织的建立与发展 ·········· 035

第四节　建立地方人民武装 ······················· 037

第五节　开展剿匪斗争 ···························· 038

第六节　实行土地制度改革 ······················· 042

第七节　开展大生产运动，建立巩固的根据地 ········· 046

第八节　参军支前，支援全国解放战争 ··············· 050

第四章　甘南老区由新民主主义到社会主义的转变 ········ 053

第一节　地方国营工业的建立与发展 ················· 054

第二节　文教卫生等社会事业的发展 ················· 056

第三节　镇压反革命运动 ·························· 061

第四节　抗美援朝，保家卫国 ······················ 063

第五节　"三反""五反"运动 ······················ 065

第六节　对个体农业的社会主义改造 ················· 068

第七节　对个体手工业的社会主义改造 ··············· 071

第八节　对私营工商业的社会主义改造 ··············· 074

第九节　国合商业的发展 ·························· 076

第十节　甘南向社会主义过渡的实现 ················· 078

第五章　社会主义建设在曲折中前进 ················· 080

第一节　整风运动与反右派斗争 ···················· 080

第二节　农业大生产与人民公社的建立 ··············· 082

第三节　国民经济调整 ···························· 085

第四节　国合商业的发展 ·························· 088

第五节　社会事业的发展 ·························· 090

第六章　经济低迷与历史性转折 ···················· 099

第一节　经济低迷期 ····························· 099

第二节　历史性转折 ····························· 102

第七章　开创社会主义现代化建设的新局面 ··········· 105

第一节　改革开放的全面展开 ······················ 105

第二节　国民经济的全面发展 ·················· 117

第三节　加强精神文明建设和民主法制建设 ········· 126

第八章　改革开放和现代化建设进入新时代 131

第一节　加速建立社会主义市场经济体制 ········· 131

第二节　加快发展国民经济和社会事业 ··········· 143

第三节　开展党的群众路线教育和党风廉政建设 ····· 181

第四节　打击犯罪活动和开展社会治安综合治理 ····· 185

第九章　精准扶贫　全面建成小康社会 188

第一节　扶贫开发历程 ······················ 188

第二节　全面打赢扶贫脱贫攻坚战 ··············· 190

结束语 ··· 195

附录 ··· 198

回忆解放甘南的前前后后 ···················· 198

回忆冯肖山同志在甘南的二三事 ·············· 206

忆在甘南县的剿匪斗争 ······················ 208

百战威名播塞北　千秋遗爱著甘南 ············ 214

革命烈士英名录 ···························· 219

后记 ··· 222

序　言

　　在举国上下热烈庆祝中华人民共和国成立70周年之际，在全县人民纪念甘南革命老区发展74年的日子里，特别是在全县城乡各级党政组织、广大干部、人民群众，深入学习和实践习近平新时代中国特色社会主义思想，谋划全县在新时代开启新征程、推进经济社会发展之时，一部见证革命老区发展轨迹的著作——《甘南县革命老区发展史》一书问世了！这是值得全县人民庆贺的。

　　《甘南县革命老区发展史》一书，是根据中国老区建设促进会《关于编纂1 599个革命老区县发展史安排意见》和黑龙江省老区建设促进会具体安排，由县委宣传部和县老区建设促进会联合编写的。它的出版发行，不仅是甘南老区人民政治文化生活中的一件大事，更是对习近平为核心的党中央统一领导中国特色社会主义所取得的经济和社会事业建设的伟大成就的讴歌，也是对家乡沧桑巨变的很好的纪念。

　　甘南县革命老区发展史表明，改革开放开启了新中国成立以来快速发展的新纪元。特别是中国共产党的十八大、十九大以来，在习近平新时代中国特色社会主义思想指引下，党中央审时度势，提出了在决胜全面建成小康社会的基础上，分两步走，在21世纪中叶建成富强民主文明和谐美丽的社会主义现代化强国的战略方略。这对地方经济和社会事业建设发展指明了前进的方向，创造了优越的条件，营造了良好的经济发展环境。中共甘南县委、县人民政府，抓住这一历史机遇，科学谋划，开拓创新，确立了乡村振兴，兴工强县，兴牧富民，突出项目，内扶外引；调结构，促发展，惠民生，保稳定，建设和谐美丽的甘南的发展思路，使全县在经济建设、政治建设、文化建设、社会建设、生态建设的各领域中取得较好的成绩，绘就了甘南县全面建成小康社会的宏伟画卷。

《甘南县革命老区发展史》，是一部全方位、多视角反映甘南74年来，特别是中共十八大、十九大习近平新时代中国特色社会主义发展时期，所取得的辉煌业绩的纪实性书籍。它以深情的笔触，记载了甘南人民在中国共产党的领导下，经过新民主主义革命、社会主义革命和建设时期、改革开放及习近平中国特色社会主义新时代，用勤劳和智慧开创富裕文明新天地的伟大实践。全书史料丰富、记叙翔实、评述中肯，思想性、知识性、历史深刻性兼备。这本书问世的意义就在于它不仅是对甘南老区发展史和几代人记忆的真实记录，也是对各条战线建设者、劳动者的讴歌与激励，更是对甘南美好明天的理性昭示。

读史以明智，鉴往而知来。潮平两岸阔，风正一帆悬！当前，全县人民正在习近平总书记中国特色社会主义思想伟大旗帜的指引下，励精图治，艰苦奋斗，扬起开启新时代、新征程的新风帆，直奔全面建成小康社会和现代化强国的幸福彼岸。

我们的目标能达到，我们的目标一定能够达到！

中共甘南县委

2019年3月

绪　论

　　甘南县位于黑龙江省西部，地理坐标为北纬47°35′7″至48°32′5″，东经122°54′6″至124°28′12″。地处大兴安岭南麓，嫩江中游右岸。东临诺敏河、嫩江，同内蒙古自治区莫力达瓦旗，黑龙江省讷河市、富裕县相望；南与黑龙江省龙江县、齐齐哈尔市梅里斯达斡尔族自治区接壤；西、北以金代遗迹"东北路界壕"与内蒙古自治区扎兰屯市、阿荣旗隔界为邻。全县区域面积4 792平方公里，其中县属3 560平方公里。区域面积中有耕地15.7万公顷、林地4万公顷、牧地9.3万公顷、荒地3.4万公顷。到2018年底，县辖5个镇、5个乡、95个村民委员会、605个自然屯。全县人口396 071人，农业人口250 625人，占总人口的63.53%。县内人口以汉族为主，还有朝鲜族、蒙古族、回族、苗族、壮族、鄂伦春族、达斡尔族、鄂温克族、锡伯族等11个少数民族。

　　甘南县地貌属大兴安岭和嫩江冲积平原的过渡地带，西部、北部丘陵起伏，南部和东南部是平坦的开阔平原。地形西北高、东南低，缓缓递降，海拔为160米至380米。县内具有大陆性季风气候的特征，四季冷暖干湿分明。冬季西北风多，严寒少雪，气候干燥；春季风大雨少，易发生春旱；夏季东南季风增强，高温多雨；秋季降温急剧，大地封冻速度快。历年平均气温在2.6℃，极端最高温度为39℃，极端最低温度为零下35.4℃；平均最高温度9.2℃，平均最低温度零下3.4℃；活动积温为2 562.9℃。无霜期平均为132天，最短为120天。年平均日照为2 791.7小时，太阳总辐射量113.7千卡/平方厘米。年降水量平均为455毫米。

甘南县耕地面积较多，土质比较肥沃。土质中草甸土、黑土、黑钙土和暗棕壤占90%以上，有机质含量在2%~8%之间，适宜各种农作物生长。县内农作物品种很多，粮食作物有水稻、大豆、玉米、谷子、高粱、小麦以及杂粮、杂豆等；经济作物有甜菜、葵花、药材等。此外，还有薯类、瓜果和各种蔬菜。在野生植物中，山野菜有30多种。防风、桔梗、龙胆草、黄芩、苍术、车前子、赤芍、玉竹等200多种野生植物可以入药。小叶樟、乌拉草、羊草较多、芦苇年产数千吨。在野生动物中，毛皮动物主要有狐、貂、獾，细皮动物有黄鼠、灰鼠、山兔。

县内有丰富的矿藏资源。宝山乡新兴村、合胜村地下埋藏着400万立方米的珍珠岩，是各种房屋建筑防寒原料。兴隆乡新发村埋藏着近250万立方米的沸石，是生产水泥的优质填充料。县内广大地区蕴藏着斑状花岗岩、花岗闪长岩、玄武岩、安山岩、玛瑙、碧石、铁矿、草炭等15种矿物资源。县内水利资源比较丰富，自然降水、地下水和河流容水总资源达331.26亿立方米，年可利用水量为93.06亿立方米。河流、水库、泡沼水面面积为667余公顷，繁殖天然生鱼类72种。养鱼水面达4 233公顷，已开发利用水面3 066公顷。水产品产量逐年有所增长。

甘南县从远古时代就有人类活动。新石器时代至周秦以前，是秽貊族的先世与秽貊族活动生息的地方，迄今已有四五千年的历史。清光绪三十年（1904年），清政府解除封禁政策，开始移民招垦，清光绪三十一年（1905年），齐齐哈尔副都统程德全（字雪楼）将甘井子一带荒原勘入招垦设治计划，检测官员组设荒务行局。清光绪三十二年（1906年）3月，采址于老甘井子（甘南县长山乡永清村），成立"甘井子荒务行局"，开始丈放甘井子段官荒。清光绪三十三年（1907年）采设成基，迁局址于二站（为距齐齐哈尔至呼伦贝尔古驿道上的第二站），正式勘定街基兴建县城。清光绪三十四年（1908年）3月，改荒务局为"甘井子巡防局"，正式兼理民事司法、办理军事、掌管治安。1914年改为"龙江县甘井子设治局"。1926年改升为甘南设治局，隶属于黑龙江省长公署，改县城二站为甘南镇。1933年，日军侵占甘南后，改为县制，撤销设治局建县公署。1945年抗日战争胜利后，中共中央制定了建立东北根据地的战略方针，东北局派大批部队到黑龙江地区开展工作，甘南成为建立巩固的军事政治根据地的老区县份之一，自此，甘南县各项工作纳入到创建东北根据地战略之中。1945年12月11日，中国共产党解放甘南县城。13日，甘南县民主政府建立，隶属嫩江省；1949年5月改称甘南县人民政府，归黑龙江省辖；1954年归黑龙江省嫩江地区所辖；1960年归属齐齐哈尔市；1961年重归黑龙江省嫩江地区；1985年实行市管县，撤销嫩江行署，归属齐齐哈尔市。

甘南老区人民具有光荣的革命传统。在抗日战争时期，奋起抗战，保家卫国，采取各种方式与日伪反动政权进行艰苦卓绝的斗争。在解放战争和抗美援朝战争中，全县有两千余名青年踊跃参军参战；有三百多名优秀儿女为国献身；有数千名民工转战东北战场和朝鲜战场，立下丰功伟绩。为新中国的建立做出了贡献。1949年10月至1957年甘南老区人民在共产党的领导下，顺利地实现了由新民主主义到社会主义的转变，实施第一个国民经济发展的五年计划，取得很大成就。社会主义改造基本完成以后，全县转入全面的社会主义建设，国民经济和社会事业都取得了很大的发展。1976年10月，粉碎江青反革命集团，使甘南县进入新的历史发展时期。改革开放以来，中共甘南县委、县政府带领老区全县各级党组织和全县人民，励精图治，顽强拼搏，国民经济和社会各项事业不断取得新的伟大成就。特别是党的十八大、十九大以来，在以习近平为核心的党中央领导下，不断向全面建成小康社会迈进。到2018年底，全县地区国民生产总值实现80.6亿元，同比增长4.5%。一、二、三产增加值分别实现39.4亿元、17.2亿元、24亿元，同比分别增长5.8%、0.2%、5.8%。全口径财政收入完成7.6亿元，同比增长23.03.城镇居民人均可支配收入实现18 549元，同比增长6%。农村居民人均可支配收入实现7 945元，同比增长11.6%。

《甘南县革命老区发展史》是一部由新民主主义革命转变到社会主义革命和建设的历史；是探索、实践、走出一条具有中国特色的社会主义道路的历史；是改革、开放、创新，向社会主义市场经济体制过渡，不断解放和发展社会主义生产力的历史；是甘南老区人民在中国共产党的领导下，穷则思变，不断提高生活质量，并为创造美好未来，实现中华民族伟大复兴的中国梦而艰苦卓绝的创业斗争史。2019年，是新中国成立70周年。也是老区发展史上的第74个年头。作为老区的甘南人民决心在习近平新时代中国特色社会主义思想引导下，在县委、县政府的正确领导下，全面贯彻落实党的十九大精神，锐意改革，全面开放，努力推动全县经济社会各项事业不断向前发展，为建设一个富强民主、文明和谐、美丽的社会主义现代化新甘南而不懈奋斗。

第一章　日伪政权统治下的甘南

日本帝国主义对中国辽阔的土地、丰富的资源和物产垂涎已久。1928年6月，制造了"皇姑屯事件"，炸死张作霖。同年12月，张学良被迫在东北易帜。1931年，策划了"柳条湖事件"。以此为借口，于9月18日悍然向驻守沈阳东北军北大营大举进攻，进而攻占沈阳，史称"九一八事变"。

1931年11月19日，日军攻陷齐齐哈尔。1932年12月1日，日军高波师团所属一股部队以坦克为先导，扑向甘南。他们从西、南两个方向逼近县城，首先占领城西高地，以此为据点，架起火炮，向县城进行了3个小时的炮击。在炮击中，城内许多民房被炸毁，硝烟弥漫，居民惊慌失措，四处逃散，城区一片混乱。守城部队东北军何宝明部无心也无力抵抗，弃城逃往内蒙古扎兰屯。在炮击中，有四名平民被炸死（其中有两名儿童）。在日军的淫威下，甘南县设治局设置员（相当于县长）傅豫廷、城区区长宋耀武出城向日军投降。自此，甘南县开始了长达14年的悲惨生活，民众饱受国破家亡之苦。

第一节　残酷的法西斯政治统治

日本关东军侵占甘南后，灭绝人性，烧杀抢掠，奸淫妇女，无恶不作，犯下了累累滔天罪行。

（一）设立伪县公署及庞大的警特组织，强化对民众的监视

日本侵略者占领甘南后，先是设置了伪政权机构"甘南县设治局地方治安维持会"。1933年10月16日设治局改为县治，随之成立伪甘南县公署。傅豫廷任伪甘南县公署县长，日本人浅坂正一、松山光明分别任伪县公署正、副参事官（相当于副县长）。到1945年，先后有傅豫廷、林士奎、郭玉麟、孙金城、张士选任伪县公署县长；日本人浅坂正一、松山光明、樱井正尚、三奴嘉代资、江口义雄任伪县公署正、副参事官。为防止和镇压民众反抗，1933年6月，关东军驻齐齐哈尔富拉尔基的第15联队第三机关枪队进驻甘南，成立"治安维持会"，由该队队长任会长。继而组建伪地方反动组织"甘南县自卫团"。为镇压民间自发武装力量，破坏抗联在甘南一带的反满抗日活动，日伪政权除在县城设立警务局，在全县设立了5个警察署、8个警察分驻所等法西斯专制机构外，还在县城内以开办商业店铺为掩护，建立4个秘密特务机关。当时全县人口尚不足5万，但各种警务人员就有213人，特务60余人。自卫团524人。

随着民间的武装反抗和抗联第三路军第三支队在甘南地区武装抗日活动的发展，日伪统治者如坐针毡，惶惶不安。为维护其法西斯统治，又于1941年设立4个警察分驻所、4个巡视所和1个特务搜查班。同时还命令全体伪警特人员在社会上以收买、欺骗、恐吓、利诱等手段，搜罗各色人员充当"耳目""眼线"，监视民众的一举一动。

警特组织的泛滥给民众的日常生活造成极大的威胁，广大民众整日提心吊胆。稍有不慎，就会被以"思想犯""通敌犯"等罪名投入监狱，严刑逼供。宝山乡太平山村神泡子屯农民董振山、魏显强不甘当亡国奴，向抗联提供日伪情报，被警察逮捕押至齐齐哈尔日军宪兵队。宪兵队多次对两人施以严刑，但两人拒不承认。宪兵队抓不住真凭实据，只好以"思想矫正"为名将他二人长期关押，直到1945年12月才被原抗联三支队营救出狱。

警特组织的泛滥也给民众带来沉重的经济负担。不但日常费用要出在民众身上，这些倚仗日本人权势的汉奸还以各种名目对民众巧取豪夺，重压下的甘南人民苦不堪言。

（二）颁行"保甲制""连坐法"

日伪县公署和警特组织把统治触角下伸到村屯，上下形成一张密不透风的大网罩在民众头上。1933年，日伪当局颁行了"暂行保甲制"，施行"十家连坐法"，将甘南县内5个行政区调改为5个保、61个甲、479个牌。日伪县公署的政令、税赋、劳工等都由保甲组织负责推行、催逼。推行连坐法的罪恶目的就是使民众互相监督，达到分而治之。连坐法规定每10家实行连坐，1家出了违犯政令、隐逃税赋、劳工逃逸等情况，其他9家都要负责举报或承担"罪责"和惩罚。有些保甲长死心塌地为日伪效劳，置民众于水深火热之中而不顾，甘当汉奸走狗。有的劳工不堪日军、工头的非人折磨，从日伪修工事、机场、仓库、矿山等工地逃回原籍，很快被所在地保甲追捕，押回工地严刑拷打，警示其他劳工，许多逃跑的劳工被折磨致死。有的劳工逃跑后不敢回原籍，在外地流浪，贫病交加，客死他乡。一个劳工逃跑抓不回，其他9家要出人顶替或共同出钱"赎买"，卖儿鬻女，妻离子散的惨剧时有发生。"保甲制"和"连坐法"的施行把民众推向更深的渊薮，逃无可逃，避无可避。

在施行"保甲制"和"连坐法"的同时，日伪当局又于1933年9月施行"治安强化运动"，在全县范围内实行"良民登记"，后来又发放"国民手账"（类似身份证）。没有登记在册、没有国民手账的人一律视为不良分子，冠以各种罪名加以逮捕，强制服苦役。

1934年底，日伪当局又在全县推行"并屯政策"，强迫世代居住在边远小屯的住户离开自己的家园并成大屯。如有不从者，强行赶走或烧毁其房屋，施以各种刑罚。并成大屯后，沿屯周围挖沟筑垒，妄图以此割断本地与抗联的血肉联系，巩固日伪的统治。

（三）血腥镇压，滥杀无辜

对于日本帝国主义的侵略暴行，甘南县民众不断起来反抗。1935年，日本人参事官樱井正尚亲带伪自卫团"讨伐"农民抗日武装，在黄蒿沟一带被农民武装击毙。日军恼羞成怒，对这一带进行疯狂的报复性"清乡"扫荡。这年秋天，日军第33联队原田部队、笠井骑兵队开着卡车、装甲车、坦克进入他们认为的"匪区"（即宝山乡），在宝山后屯设立"清乡"指挥部，随后进入各屯抓人。每到一屯，首先架起机枪，封锁路口，日军端着刺刀，凶神恶煞般进入各家各院，把人们驱赶到空地或大院里，威逼群众"揭发""检举"反满抗日人士或为抗日武装通风报信的人。凡是他们认为可疑的人，便被从人群中拉出来，严刑逼供。除了公开抓人外，日军还按着汉奸、特务提供的"黑名单"逐人抓捕。为掩人耳目和防止被抓捕对象出逃，他们一般在黄昏或拂晓开始行动。荷枪实弹的日本兵把抓到的人捆绑起来或用麻袋装起来扔到车上拉走。对于被抓捕对象的亲友也无辜株连，抓不到"黑名单"上的人便抓其家人顶替。对抓到的人采用极其残酷的手段进行折磨，逼问口供。刑讯一批人之后，再根据逼供出来的"线索"继续抓人。日军把刑讯后的人押到敖宝山、阿伦河两处刑场，作为日本兵学剑道、练刺杀的活靶子。这些群众被剥光衣服，任丧尽天良的日本兵刀砍枪刺。然后，把奄奄一息的活尸和尚能活动的人推入预先挖好的土坑中活埋。常年在阿伦河边捕鱼为生的刘品清老人因不在屯里住，便被疑为反满抗日人员，连同另一位捕鱼的老安头以躲避搜查的罪名一同活埋了。与刘品清老人常年为伴的一条狗见主人被活埋，就围着土坑哀号，也被日本兵赶入土坑中埋掉了。这次对"匪区"的大扫荡从1935年秋一直持续到年末。临近年终的一天，日本兵又把他们认为是"反满抗日"的28名群众用军车从宝山乡拉到甘南县城北门外（音河南岸老砖窑处），全部用军刀砍死。其中一个叫冯玉清的人被砍昏在血泊中，直到后半夜醒来从死人堆里爬出，才捡回一条命。

另一起惨案发生在长吉岗村（今宝山乡长吉岗村）。1942年，日本人在今兴隆乡兴国村五屯建立了"西宝开拓团"，种植水稻。长吉岗村是"西宝开拓团"通往齐齐哈尔的必经之路，经常有日军往来通过，给这里的村民带来惊扰，还不时有日本兵进屯抢掠，村民对他们恨之入骨。1945年8月初，有的村民听开拓团里的韩国人议论说"老毛子"（苏联军队）打过来了，日本人要倒台了。村民们暗中传递这个信息并伺机报仇雪恨。8月14日（农历七月初七）下午2时许，7名日本兵经过长吉岗村西一口水井旁，因天热口渴，便把枪支架在一旁，毫无顾忌地脱掉上衣，光着膀子在井沿又喝又洗。村民王少坤、姜大迟等7人发现后，凑在一起商量，"小日本要倒台了，咱们也受够气了，今天咱们一个对一个把他们撂在这里"。随后7人各自回家拿一把钐刀（这里有甸子，打柴草，家家有钐刀），集合在一起，大喊着向日本兵冲去。日本兵认为这里的村民软弱可欺，丝毫没防备。今天见到村民这样的举动，一时吓蒙了，慌忙捡起衣服和枪向开拓团方向逃窜，当场有两个日本兵被村民赶上砍死。"八一五"光复后，虽然日本宣布无条件投降，但甘南境内的日本兵还没有被缴械，还在策划着对长吉岗村进行报复。9月1日（农历七月二十五）凌晨，在开拓团长木尔卡桑的指挥下，一群日本兵拉开散兵线，把长吉岗村包围起来，开始惨无人道的血腥屠杀。在西马棚住的老严头听到动静，刚从村里出来就被打死在井沿旁。村民马宝元见日本人进了村，忙着背起瘫痪的妻子，抱起尚未满月的孩子往村外跑，刚跑到村口就被日本兵围起来，几声枪响，一家三口便被打倒在路旁壕沟里。马宝元的妻子、孩子当场死亡。马宝元的双腿也被打断，勉强爬进庄稼地里，终因流血过多死去。日本兵进村后，把男女老少都驱赶到一起，从人群中找出8个男人，用绳子绑上带走。途中遇到去巨宝买药的人，也不容分说一起绑上带走。半路有两个人因患伤寒走不动了，便被砍下头抛尸路边。其余人被押到李家磨坊。日本兵把这些人蒙上眼睛，用刺刀挑开肚子后扬长而去。人被挑开肚子一时死不了，疼得在地上乱滚乱叫，在方圆十几亩的地上到处是血。直到半个月后，路过这里的人闻到气味，才发现这些被害的人，其状惨不忍睹。此次惨案死亡14人，有70多岁的老人，也有刚出生不久的婴儿。日本兵的兽行令人发指。

（四）滥施酷刑，草菅人命

为使中国人屈服，日本侵略者把他们认为是反满抗日的不良分子抓起来，以极其残忍的手段刑讯折磨。其主要酷刑有"上大挂""灌凉水""坐老虎凳""过电""麻袋摔"等。经过这样的酷刑，不死也落下病根。或者被日本兵杀害。

丧心病狂的日本兵往往以刑讯中国人为乐。1933年9月的一天，日本宪兵队的土屋芳雄为向上司邀功，在毫无证据的情况下，将去平阳镇买药的张文达（33岁）逮捕。为逼迫他承认是抗日武装的采购员，对他施用了惨无人道的酷刑。第一天，宪兵松泽武长、土屋芳雄用三根木棍将被绑的张文达穿的棉衣的棉絮打飞（当时天冷，9月就穿棉衣了），遍体鳞伤。见他不招供，就把他反绑双手吊在两排桌子中间横放的粗木棍上，还在脖子上吊一块20斤重的大石头。第二天，日本宪兵把张文达的上衣扒光，用烧红的烙铁烙他的后背。刑讯后关起来，两天中没给他一口饭吃、一口水喝。第三天，日本宪兵对张文达进一步残害。宪兵们把他仰面绑在凳子上，用水壶不断往口、鼻中灌凉水，灌了一阵子，又骑在他肚子上压，把水从口中、鼻中挤压出来。然后再灌、再压，直到张文达昏死过去。第四天，喝得醉醺醺的宪兵把张文达绑住，坐在尖朝上的锥形木架上，还有两个人分坐在他的肩头往下压，刺的骨头发出咔咔声。第五天，又用针扎张文达的十指。在几天的折磨一无所获后，日本军官小增根命人把半死不活的张文达拖上车拉到平阳镇西面的坟地上，用战刀砍下张文达的头颅。任凭日本宪兵使用什么样的酷刑，张文达这个铁骨铮铮的中国汉子也没有屈服，相反却暴露了日本侵略者色厉内荏的本质。

（五）丧失人道，虐杀劳工

在甘南县，虐杀劳工最多的是修建黄蒿沟水利工程。1939年，日本侵略者为满足驻扎在东北地区百万日本关东军的口粮供应，选择了在甘南县境内查哈阳修建水利灌区，兴建一个规模庞大的以水稻为主的粮食基地。黄壕沟是查哈阳水利灌区的重点干渠，长50华里、宽50米、深6.7米。工地上条件十分恶劣，劳工在日本人的压榨下，过着牛马不如的非人生活。工程从每年3月开工到10月底歇工，每天从早3点干到晚9点，18个小时强体力劳动。

　　日本人视劳工如牛马奴隶，百般虐杀。一是在饮食上，只给吃带沙子的玉米面，带谷皮的小米，发了霉的高粱米和玉米碴子。1941年太平洋战争爆发后，粮食紧缺，就是这些也吃不到了，只能吃橡子面。这些东西既无营养又有霉菌，致使许多人在病、累中死去。二是在居住上，几万劳工都住在草夹子、马架子、席棚子里，阴暗潮湿，蚊虫叮咬，过度劳累又睡不好觉，许多人身上生疮或患其他疾病。发生传染病后，为了不使病情蔓延，不但不予医治，还强行隔离，驱赶病人带病上工，许多劳工还没咽气就被活埋了。三是在劳动管理上，不管劳工是否有病，体力如何，一律用镐把驱赶上工。有一位高姓劳工，浑身浮肿，呼吸困难，可是工头硬说他是装病，不准歇工，被撵到工地，还没等干活就栽倒在地再也没有起来。一名劳工不堪折磨，挑土到坝上后趁人不注意，将扁担插在坝上，筐绳套在脖子上，往坝下一出溜自缢而死。1944年，同成劳工公司开工时200多人，到端午节时就剩下30余人了。原甘南县交通科副科长李巨文曾两次出劳工，亲眼看到倒地不起的劳工被工头带气砌在坝里。他第二次出劳工先是在查哈阳渠首工地，后又被押送到海拉尔为日本人修飞机场。他与工友一起打死"二鬼子（抗日战争时期人民群众对汉奸伪军的蔑称）"，徒步翻越大兴安岭，辗转十余天，经历九死一生才回到家中。幸而很快就"光复"了，才没有被追查。查哈阳农场退休职工徐宝山当时是"满洲拓植社"的汽车司机。据他回忆，从关内连抓带骗来的劳工都是乘坐"闷罐"（一种仅有气窗和门的铁皮车厢）来的，一路上不停车不开门，大小便都在车上，也不给饭吃，到拉哈站下车时，几乎全都饿得不能站立，硬是被拖下车。每拉一回劳工从拉哈车站到工地，一路上都会留下几具尸体。四是对逃跑抓回来的劳工严刑拷打，折磨死就喂狼狗。

黄蒿沟水利工程土方量不过840万立方米，在工程建设的5年多时间里，竟然有5万多名中国劳工先后死亡，平均每天死亡30余人。50华里的渠道，平均每华里就负有1 000个中国劳工的生命。如果把这些尸体并排摆放，就可以排50余华里。黄蒿沟就是血泪沟、白骨沟，是一座人间地狱。

第二节　野蛮的奴性化思想灌输

奴化教育，是日本帝国主义对中国进行文化侵略的基本形式。日本侵略者在武装占领东北后，为长期维护其殖民统治，在残酷统治、武装镇压的同时，还对东北地区的民众进行"思想征战"，也就是奴化教育。

为把东北民众训练成具有奴隶思想，效忠日本天皇的顺民，日本侵略者于1932年5月21日制定的"对满蒙方策"中拟定了具体方针："必须彻底普及王道主义，民族协和的建国精神和日满融合之观念，倾注日本文化排挤三民主义和共产主义，弹压赤化的侵袭……"1932年伪国务院发布第二号训令：一律废止中华民国有关三民主义的授业及其教科书，强令中国人学习日本语，课程用日文教材，用日本人教师，用日语讲课。到1943年以后，日语课程占70%以上。更有甚者，明令学生每日早晚和一日三餐都必须用日语背诵"国民训"，定期组织学生参拜他们修建的存放侵略者骨灰的"忠灵塔"。

为配合"思想征战"，1932年4月，在日本关东军的授意下，经过日伪"满洲青年联盟"的精心策划，成立了"协和党"，同年7月5日，"协和党"更名为"协和会"。1936年3月，在甘南县城西大街路东（今甘南一中对过）的一所3间平房前挂出了"协和会甘南办事处"的招牌。不久又改组。1938年11月，"大满洲帝国协和会甘南县本部"成立，由日本人儿岛勇任本部事务长，将办公地点迁至十字街东路南（原甘南旅社院内），以后不到一年时间，全县先后开设了11个分会。

"协和会甘南县本部"除在内部设立"青少年统监部"外，还组建了由伪县长林世奎的老婆为会长的"国防妇人会"。1942年，又先后设立了"军人后援会""防空协会""工商协会""道德会"等组织。这些派生组织围绕"协和会甘南本部"开展活动，宣传、美化日本帝国主义的侵略行为，为"大东亚圣战"拉赞助，搞募捐，竭力宣扬"建立大东亚共荣圈""日满协和""日满亲善""一心一德""满洲国是王道乐土"，等等。

日本侵略者的奴化思想灌输激起广大民众和青年、学生、教师的强烈不满，他们以不同形式进行了抵制，有的学生、教师因此受到不同程度的"思想矫正"和惩罚。

第三节　疯狂的经济掠夺

日本帝国主义侵占东北后，对东北地区进行了疯狂的经济掠夺。

（一）勤劳奉仕，以战养战

1938年，日伪政权施行劳动统治法，规定凡是25岁至35岁的男子都要服劳役。参加修筑永军事工事，这些工事和仓库修完后，为了保密，劳工都被处死，少有生还者。1940年以后，日伪政权又颁布了《勤劳奉公法》，规定年满20—23岁的青年未被选入伪国兵者，均须参加勤劳奉公队，亦称"勤劳奉仕"，其实就是对劳动力的无耻掠夺。凡是抽调到"勤劳奉公队"的人，在

"勤劳奉公局"的统一指挥下，遣往各地从事挖掘沟渠、开垦水田、修道路、修机场、修军事工事等劳动。随着侵华战争的扩大，日本侵略者仍感到人力不足，于是又在鸦片戒除法、治安维持法、思想矫正法的暴令下，缉拿所谓的鸦片瘾者、浮浪者和思想不良者，把这些人押到各地从事繁重的劳动。甘南民众在日伪《劳动统治法》和《勤劳奉公法》暴令下，被抓往各地的劳工难以计数，几乎家家都有被抓者。

（二）暴力掠夺，"粮谷出荷"

"粮谷出荷"是日伪政权对民众经济掠夺的又一暴令。"出荷"，日语即为出售之意，就是强制农民除缴田赋外，还必须按官定数量、价格、时间，把粮食出售给日伪的"兴农合作社"。"粮谷出荷"一般占大豆产量的80%以上，占小麦产量的60%左右。不仅量大，而且价格极其低廉，是一种霸道的强买行为。1932年8月以后，日本侵略者霸占了全东北的铁路、公路、通讯、金融等交通和流通枢纽，完全掌控了东北的经济命脉。除对工业垄断外，还控制了农、牧、渔以及生活必需品的生产。稻谷、小麦、大豆、高粱、玉米、谷子都是"粮谷出荷"的对象。农民被搜刮殆尽，只能用野菜、橡子面充饥。当时甘南县"出荷粮"的任务高达5万吨，按全县总人口计算，平均每人一吨左右。更残忍的是为了扩大侵略战争的需要，施行所谓"决战搜荷"的方策。伪公署的督励员和伪警察在秋后即上门催粮，挨家逐户上门搜查，翻箱倒柜，连鸡架、狗窝、茅房都不放过。据有关资料记载：当时日伪政权规定，每顷地须交粮秸1 000斤，谷草全部上缴。每户必须缴纳鸡蛋100个、肥猪1口。无蛋、猪上缴的农户，则按价折交钱款。强制"出荷"后，有些农户连种子都被搜刮一空，生活无着，全家自尽的惨剧时有发生。1940年以后，伪政权将粮谷由"严格统治"改为"强制控制"。即便完成了出荷的数量，也不准农民把粮食拿到市场上去交易。每年都与农户签订"出荷契约"，且出荷量逐年提高，就是逢灾年也不放过。不交"出荷粮"就以"国事犯"论处。甘南镇万发屯一徐姓农民就因交不起"出荷粮"被活活打死。"勤劳奉仕"和"粮谷出荷"是悬在民众头上的两把利剑。在两把利剑的威逼下，妻离子散、卖儿鬻女的悲剧不断上演，把农民逼上了绝境。

（三）增收税赋、横征暴敛

日本国土狭小，资源匮乏，要支持庞大的战争机器，便不断地向被占领的东北地区民众伸出黑手，增收苛捐杂税。1932年8月5日，伪满洲国颁布了《满洲经济统治根本方案》。根据这一方案，甘南日伪政权于1933年在全县分设两个"卡"，即东阳卡和甘南城北门卡，把甘南地区的粮食、食盐等工、商、民用物资的交易流通命脉牢牢控制在日本侵略者手中，甘南民众的生命线也随之掐在侵略者手中。1933年3月，伪满洲国国务院颁发《国、地税划分纲要及办理办法》，重新划分国家税与地方税。当年国税、地税共有18个税种、231个税目。1934年8月，又增设了地方房屋捐、特别户别捐、不动产取得捐、游兴捐等。据日伪时期甘南县公署档案记载：当年全县税收总额为17 634.97元（伪国币，下同）。1935年伪县公署根据"满洲国"中央政府指令，以施行新税制为名，将甘南县民国时期的地方税归纳为地捐、房捐、杂捐等三个税种、10个税目。同时增设了牛马课捐、鱼捕课捐、屠宰课捐、广告课捐、渡河课捐、妓女课捐等7个税种、65个税目。当年全县税收总额为107 655元，是1934年的6.1倍。1936年又增设了营业附加税、特别捐税，并提高了税率。1941年又提高了卷烟税、家产税、特别卖线税、事业所得税、油脂税的税率。当年全县税收总额为234 950元。1942年又增设了清凉饮料税，交易税，面粉、棉纱、水泥的统税。当年全县税收总额为

375 756元，是1941年的1.6倍，是1934年的21倍。在不断增加税种税目的同时，税率也不断提高。此外，还设立各种"献纳"，如"飞机献纳""血粉献纳""蓖麻油献纳""畜毛献纳""钢铁献纳"。强令征收各种"税外税"，如村街费、保甲费、组合费等常年固定摊派。并规定纳税者必须在限定时间内到伪税捐局缴纳税款，否则轻者被罚款，重者被强行破产缴税或被监禁坐牢。强征苛捐杂税的直接后果，使得广大民众生活困苦的状况日益加剧。

（四）野蛮的"配给"制度

随着抗日战争的全面爆发，日本帝国主义感到经济的支撑越来越困难，于是，加紧对被占领的东北地区进行野蛮掠夺。推行"配给"制度这一残暴的掠夺手段。1939年，日伪政权在甘南地区强制推行"配给"制度，把粮食、纸烟、砂糖、毛巾、肥皂、火柴等生活用品都列入"配给"范围。日本人在县城经营的"大元洋行""兴农合作社"及由汉奸经营的"永兴福""新发和"成为指定的"配给"机构。日本人与汉奸串通一气，乘机对民众大肆盘剥。他们"配给"县城居民的生活用品以次充好，短斤少两。对"配给"农民的物资除伪保、甲、牌长层层抽头外，还掺杂使假，往豆油里掺米汤，煤油里兑水，食盐里掺沙子，红糖里掺荞面，其手段花样百出，民众只能忍气吞声。1943年7月，伪满洲国政府下令，规定大米为日本人的"专用品"，中国人吃大米即为"经济犯"。此后不久，连吃猪肉粉条也被定为"经济犯"。"配给"制度的推行，使得民众维持生存的最低需求也得不到保障，陷入极度的艰难困苦之中。

（五）经济掠夺的重要工具——开拓团

日本帝国主义从政治、经济、军事的综合目的出发，推行向东北移民政策，移民的主要方式就是设置开拓团。1937年日本帝国主义通过伪满政府制定了《满洲开拓政策基本纲要》，计划在20年内，移民人口占东北人口的十分之一。从1938年至1942年的短短几年中，日本侵略者相继向黑龙江嫩江平原各县移入大量开拓团，其中最多的就是甘南县。1939年，日本侵略者制定了种植水稻150万亩的"大查哈阳计划"，该计划以查哈阳为中心，圈定甘南县境内平阳、查哈阳以西；东阳、长吉岗以北；宝山以东；太平湖、金边以南，方圆400多平方公里土质肥沃，适于自流灌溉的土地，兴建一个规模庞大、以水稻为主的粮食生产基地。他们曾得意扬言"小小的哈尔滨，大大的查哈阳"。为实现这一掠夺计划，在这块区域先后开进14个开拓团、1个"义勇奉公队"和1个"丰荣训练所"，共1 048户5 264人。总部先是设在平阳镇，后迁至查哈阳（大烟筒）。为安置开拓团，伪满洲国政府下令"对满拓入植区内各县农民的土地予以征用"。依据这一纸暴令，伪县公署通过伪村、屯公所（1938年改行街村制，将5个保析置为11个村）对征用区划内的土地进行"登录""缴照""受价"后，以每亩地1.33元（伪国币）的低微地价，强行把农民赖以生存的土地夺走（这些土地大都是早期闯关东的关内农民开垦的）。据日伪时期的档案记载：全县征缴土地351 707垧，占全县土地总量的61.8%；其中耕地74 760垧，占全县耕地总量的41.3%。除低价强买外，开拓团还在伪县公署的默许下强行扩占，在已"征得"的土地四周扩大蚕食，据为己有。同时还通过伪地方政府强行围占无人耕种的荒原，大肆开垦土地，宁可暂时不种也要先行霸占。开拓团肆无忌惮地霸占土地，凭当时落后的农具，他们根本耕种不了，于是便将大部土地以租赁的形式转租给被夺去土地的农民耕种。失地的农民为了生存，不得已反过来租赁自己的土地耕种，每年以"申请签订契约"的形式，向开拓团缴纳规定数量的地租。这样，失地反租的农民就沦为开拓团的农奴。开拓团虽然是经济性质的，但也带着明显的军事目的。其成员大多是退役军人，他们配备武器，平时除了劳作外还进行军事训练。战场兵源紧缺时就直接充实到前线，免去从国内运送兵源的时间和舟车之费。在长达7年的时间里，开拓团不仅从甘南的土地上掠去难以数计的粮食，给民众带来深重的灾难，也直接威胁着民众的生存安全。

第二章　东北抗联与甘南民众的抗日战争

　　从1931年9月18日至1945年9月3日，在日伪当局的残酷统治和严峻复杂的环境下，东北人民没有屈服，甘南人民没有屈服。在甘南这块土地上，谱写了武装抗击日本侵略者的不朽篇章。在面临国破家亡的时刻，各类民间武装、普通民众都奋起抗战，保卫家国，采取各种方式与日伪反动政权进行艰苦卓绝的斗争。抗日联军第三路军第三支队组建后，为避敌锋芒，有效地打击日伪气焰，按照总指挥部的指示，甩开日伪"讨伐"队的追踪，西征松嫩平原，转移到甘南县宝山一带，在广大民众的支持下，与日伪政权以及军、警、宪、特展开灵活机动的游击战，沉重打击了日伪的反动气焰，抗日斗争的烽火自始至终燃烧不息。

第一节　捣毁许家围子警察分驻所

　　夜袭许家围子警察分驻所，是抗联第三支队在甘南大地上开展游击战的一次牛刀小试。1939年6月，抗联在宝山村神泡子屯开明士绅王凤池、袁明儒家建立了党的地下联络站。共产党员老李头（真名不详）以给王凤池家做长工为掩护，搜集日伪情报，送往北山里的抗联三支队。许家围子是抗联地下交通线的必经之路，这里地处大兴安岭脚下，背靠山林，面临平原。日伪为切断抗联与群众的联系，在这里建立了"集团部落"，强行将分散的居民归并成屯，屯周围高筑围墙，故称之为"围子"。许家围子设有警察分驻所，有5名警察常年驻守，检查往来行人，是日伪政权楔在交通线上的一颗"钉子"，对地下交通站是一个很大的威胁。为拔掉这颗"钉子"，确保交通线安全，抗联第三支队决定捣毁这个警察分驻所。

为查明敌情，做到知己知彼，第三支队派出侦察员以找零活为名，从与当地的村民的闲谈中了解到警察分驻所的位置、周围地形、防务规律以及武器配备等情况。根据侦察的情况，支队首长做了周密的部署。1939年8月8日晚，时任第三支队参谋长的王均率领30多名战士，在夜幕的掩护下，悄悄潜入许家围子附近的小西屯。为确保万无一失，再次派侦察员进一步侦察，得知当晚5名警察都留在分驻所，这是一个歼敌的良机。午夜时分，指战员们迅速摸至许家围子大墙外，封锁路口，并剪断电话线，切断分驻所与外界的联系。随后搭起人梯，翻墙进入院内，直扑警察宿舍窗下，封锁窗口，破门而入。分驻所队长毛凤林和其他4名警察还在梦中，没来得及摸枪就成了俘虏。抗联战士们放火焚毁了分驻所，这颗"钉子"在熊熊的烈火中灰分烟灭。

为宣传群众，扩大影响，第三支队连夜召开全村群众大会，将5名警察押至一户地主家门前进行教育、训诫，5名警察当场表示，以后不再给日本人卖命。为了争取教育大多数，根据抗联的政策和纪律，将5名伪警察当场予以释放。王均参谋长向在当场的群众宣传东北抗日联军抗日救国的主张和决心，教育群众不投敌、不卖国、坚决抗日到底。群众见抗联指战员们烧毁了警察分驻所，无不拍手称快，热情邀请抗联指战员到自家休息。拂晓前，这支天降神兵安全撤离了许家围子。抗联指战员不费一枪一弹，干净利落地捣毁了伪警察分驻所，鼓舞了民众的抗日热情，在甘南民众中传为佳话。

第二节　夜袭宝山镇伪警署

1938年以后，是抗联活动极其困难的时期。根据中共北满省委的决定，第三路军主力实施战略转移，进行西征，到日本侵略者统治相对薄弱的松嫩平原过渡地带开展游击战。此时，日本侵略者也调集大批日军，组成混合"讨伐"队跟踪而至，对这一带进行大扫荡。为避敌锋芒，抗联三支队在支队长王明贵、政治部主任王均（王均时下已改任三支队政治部主任）率领下，甩开日伪"讨伐"队的跟踪，于1941年9月1日转移到甘南县宝山乡一带继续开展游击战。奔袭宝山镇，打掉伪警署，是抗联三支队又一次漂亮的行动。

　　抗联三支队原计划攻打平阳镇。因平阳镇是甘南县东北部重镇，日军开拓团总部原设在那里。打掉平阳镇这个据点，一定会给日伪当局极大的震慑。但根据群众的情报，平阳镇周围有十几个日本开拓团，平阳一打响，这些武装的开拓团一定会增援，不利于速战速决。另又根据群众情报，宝山镇集结了一些跟踪追击抗联的日伪军，还有伪县公署大小官吏30余人和追击抗联三支队徒劳而返的伪"世龙"部队一个连，加上集聚在宝山乡的日伪军、警察署和伪县公署人员不下数百人。根据以上情报，三支队经认真研究，认为，虽然敌众我寡，但只要计划周密，部署得当，完全可以打他们一个措手不及。另外，日伪军连日来被抗联拖得疲惫不堪，想不到抗联部队会这么快返回来。出其不意，攻其不备，正是歼敌的大好时机。于是支队长王明贵与政治部主任王均当即决定放弃攻打平阳镇的作战计划，改为奔袭宝山镇，打掉伪警署。

1941年9月15日，抗联三支队在支队长王明贵、政治部主任王均率领下长途奔袭，从内蒙古阿荣旗秘密迂回到距宝山镇只有7华里的三合塘附近。9月16日上午，支队派出侦察员对宝山镇进行详尽的侦察，查明了日伪的临时营房分布、警察署周围的地形地物、日伪军的武器配备等。黄昏后，部队撤到三合塘屯群众家中，研究了周密的作战方案。由于警察署周边的护城壕宽深难越，需要柴草垫壕通过。困难是柴草一时来不及筹集，群众听说后，纷纷把自家的柴草、饲草送来，解决了这个难题。

当晚11点左右，电闪雷鸣，风雨交加，天黑得伸手不见五指。指战员们顶着狂风暴雨，在张海山屯（现宝山村6、7屯）更夫梁成相、董效奎的带领下，很快摸到警察署北护城壕边，迅速垫壕通过。三支队7大队指导员郭成章冲在最前面，带领战士们迅速靠近炮台。炮台上的伪军岗哨突然发现有人，慌忙开枪，子弹打中郭指导员的腿部。抗联战士迅速反击，一枪打掉岗哨。战士们一面将负伤的郭成章指导员护送到安全地带，一面迅速架起人梯，翻越围墙，以密集的子弹把敌人封锁在屋中。睡梦中的日军军官北岛吉人（日伪军最高指挥官）被枪声惊醒，刚要组织抵抗，突然手臂中弹。他命令伪军顶住，自己却在伪署长魏惠民的搀扶下从早已准备好的密道（伪警人员为防抗联和民间武装人员袭击所挖的室内通往室外安全地带的秘密通道）趁天黑混乱之际逃之夭夭。被围在屋中的伪军和伪警察失去指挥，又不知道抗联有多少人，走投无路成了瓮中之鳖。在抗联指战员一片"缴枪不杀，中国人不打中国人"的喊话中纷纷放下武器。只有伪警尉补牟贵武趁乱躲进炮台负隅顽抗，被打伤了手后缴枪投降了。

三支队指战员将投降的伪军和警察集中在一起，向他们宣传"抗日救国，中国人不打中国人"的道理，并向他们发出以后再不许给日本人卖命的警告后，将他们释放了。随后烧毁了伪警署的日伪文件、档案，找来一匹马驮着负伤的郭指导员，汇合负责狙击和接应的战士们迅速撤离了宝山乡。此役，抗联三支队以70余人长途奔袭，出其不意，打得数百日伪军逃的逃，躲的躲，降的降，作为一个以少胜多的经典战例，载入抗联西征的光辉史册。

为安排郭成章指导员养伤，部队于次日1时许转移到宝山乡北10余华里的赵小窝堡屯。这个屯地处偏僻，四面环山，交通闭塞，易于封锁消息，且住户少，除一户地主外，其余都是贫苦农民。这里的群众虽然少与外界接触，但对于抗联在严酷的环境中坚持打击日本侵略者的事迹还是早有耳闻，对他们的爱国牺牲精神十分敬佩。当支队指战员到达这里时，村民都表示愿意掩护和救治伤员。三合塘甲长朱全是一位开明人士，虽然不能亲自参加抗联，但对抗联的困难和要求，无不给予支持和帮助。他以甲长的身份出面安排村民王全负责为郭成章同志治伤，林春夫妇负责护理，自己负责买药，并安排人手在林春家挖地窖，堆土台，铺上干草、狗皮、毯子和棉被，连四周墙壁都挂了毯子防潮，可谓细致入微。为了酬谢乡亲们，支队首长决定给在场的群众每人5元伪币，并留下战士杨成贵负责照顾郭成章同志。

为避免天亮后与追击的敌人遭遇，连累当地群众，支队决定向神泡子转移。早在1939年东北抗日联军西征时，李兆麟将军曾对王明贵讲过，抗联在宝山乡神泡子设立了两个秘密联系点，王凤池家是其中之一。9月17日，三支队在神泡子王凤池家吃罢饭准备渡河，胆大心细的王凤池知道日伪军很快会追来，如用船送人，可能会被日伪军发现踪迹。于是找来一个大马槽子，两侧绑上檩子，做成简易木筏，神不知鬼不觉地把指战员送过了河。日伪军追来时，他又表面热情招待，拖延时间，然后用小船把日伪军送过河，引向了相反的方向，支队得以安全转移到阿荣旗一带。遗憾的是郭成章同志伤势较重，恶化感染，虽然有群众无微不至的关心照顾，还是为奔袭宝山镇献出了21岁的宝贵生命。群众的掩护救治虽然没能挽留住郭成章同志的生命，但给予抗联的关心和支持却鼓舞着抗联勇士们战胜严酷的自然环境和穷凶极恶的侵略者，不断争取新的胜利。抗联三支队夜袭伪警察署的壮举，极大地鼓舞了人们的抗日斗志，给予了日伪统治者狠狠的打击。

第三节　严惩汉奸"棒子刘"

在武装袭敌，打击日伪势力的同时，支队首长决定对死心塌地为侵略者效命的汉奸给予坚决的惩处，以儆效尤，振奋民众的抗日热情。在阿荣旗和甘南县交界处的孤山子，驻有日伪"讨伐"队30多人。距孤山子10余华里的刘家屯有一刘姓地主，因他总是随身携带一根象征身份的木棒，看哪个穷人不顺眼就用木棒子打，因此人送绰号"棒子刘"。他与日伪"讨伐"队狼狈勾结，为日伪充当耳目，到处探听抗联的消息，一心想捉住王明贵得到日伪厚赏。对于"棒子刘"的种种劣迹，当地群众恨之入骨，抗联也决心对"棒子刘"进行惩治。一次，三支队从宝山乡转移到孤山子一带，故意路过刘家屯，并在屯中住了一宿。次日队伍出发前，派人把"棒子刘"找来问："我们队伍就要南下了，你是不是还要报个信啊？"听到这话，"棒子刘"喜忧参半，喜的是抗联就在眼皮底下，这回立功领赏的机会到了。忧的是回答不好抗联翻脸，不但得不到奖赏还性命难保。于是他强作笑容说："哪敢哪敢，一定不报。""报不报由你，反正我们走了。"队伍从容不迫地走出刘家屯。抗联料到"棒子刘"一定去报信，因此出屯不远就隐没在庄稼地里。

果然，抗联队伍刚一出屯，"棒子刘"就迫不及待向孤山子日伪"讨伐"队报告了这一情况，并自告奋勇带路追寻抗联。可是一天多时间过去了，连抗联的影子也没看到，"棒子刘"受到"讨伐"队严厉训斥。隐藏在庄稼地里的抗联指战员把这一切看得清清楚楚。"讨伐"队走后，他们又回到刘家屯，进入"棒子刘"家。当"棒子刘"垂头丧气回到家，屋子里有人问道："抓到王明贵了吗？"听到这熟悉的声音，"棒子刘"呆若木鸡，知道这回完了。支队长王明贵命两个战士把他拖到屯外庄稼地里，用枪指着他的脑门说："日本人欺负中国人，你不但不做有助于抗日救国的事，反而帮着日本人打我们，你还是中国人吗？"随着一声枪响，结果了"棒子刘"的性命。

抗联处决汉奸"棒子刘"的消息传开后，阿荣旗、甘南一带的大小汉奸、日伪耳目、伪警人员都心惊胆战，不知道哪一天抗联会找到自己头上，不敢轻举妄动，助纣为虐的气焰大为收敛。

第四节　村民怒杀日本天皇舅父

1932年9月27日，在甘南发生一件震惊日本朝野的大事，日本天皇的舅父渡边秀人被中国军民杀死。这个事件大长了抗日军民的志气，是甘南人民自发抗日的壮举。

1932年，马占山江桥抗战失利后，护路军第一旅移防至满洲里，第二旅移防至海拉尔。由于日本侵略者一时兵力不足，于是对一旅旅长张殿九、二旅旅长苏炳文采取重金收买、封官许愿的手段，妄图使他们就范。苏炳文、张殿九一面与日本关东军虚与委蛇，一面整顿部队，严阵以待。日本侵略者对苏张二人并不放心，向满洲里、海拉尔派出由中、日、韩三方120人组成的"国际警察队"进入苏炳文、张殿九所部控制的海拉尔、满洲里地区腹地，一面监视苏炳文、张殿九的行动，一面将收集到的相关情报转送日军齐齐哈尔大本营及关东司令部。担任转送情报的是日军"坂仓号"飞机，该机隔日一次由齐齐哈尔起飞去海拉尔、满洲里接取情报。

苏炳文、张殿九两位旅长曾率部参加江桥抗战，此时虽然身处险地，孤守一隅，但爱国之心未泯，暗中与南京政府联系，于1932年9月27日晨正式率部举义。这一天，正好是"坂仓号"飞往海拉尔接取情报的日子，但日军并不知苏、张二人此时已经举义。上午7时，"坂仓号"准时飞往海拉尔接取情报。此时，起义部队已切断海、满与外界的联系，苏炳文密令部队以迎机为名进入机场，欲将"坂仓号"俘获。驻机场的"国际警察队"察觉不妙，点火向空中报警，经过激烈交火，起义部队消灭了"国际警察队"，开枪向飞机射击。"坂仓号"见势不妙，便改变航线，飞往满洲里机场。可满洲里机场同样有起义部队驻守，机场的日本人佳山敏夫发出信号令其返航。此时已在机场跑道滑行的"坂仓号"慌忙拉起机头仓皇逃走，起义士兵射击无果。

"坂仓号"在返航途中，由于燃油耗尽，迫降在甘南县境内五道梁子山沟里（中兴区绿化村南）。迫降后，机上炮兵少佐渡边秀人（也称三十八郎）、步兵大尉井上辰雄、航空兵大尉胜目真良、少尉飞行员坂仓功郎等8人慌忙用蒿草掩盖飞机，找地方躲藏，仅携带文件、地图等伺机逃回齐齐哈尔。但由于地形不熟，辨不清所处位置，又不敢找人打听，昼伏夜行，走了两夜也没有走出中兴。日本侵略者的行踪被放马的小马倌李洪军发现，渡边等人用金钱利诱小马倌，让给他给弄些吃的。小马倌假装答应，回屯（黄子阳屯西沟，今中兴乡繁胜村）后便将情况告诉了村民黄永久（当地保总黄子阳的二弟）。当时这一带还在义勇军控制下，群众抗战热情很高。黄永久一听立即串联有枪有马的村民去打日军，很快召集了50余名村民携带10余支土枪向日军藏匿地冲出去。这时西屯岳家窝堡的岳清新得知消息，也带一些村民赶来助战。渡边等人见来了这么多人，肯定不是给他们送吃的，慌忙烧毁文件、地图等物品准备抵抗。岳清新首先开枪打倒两名日军，其余6人见势不妙，只好举起双手投降。在岳清新的主持下，愤怒的村民当场击毙了5名日军，会说中国话的坂仓功郎只好全部招供。从他的招供中得知，被击毙的7人中渡边秀人是皇族出身，还是日本天皇裕仁的舅父。村民知道打死了日本天皇的舅父，异常兴奋，都觉得出了一口恶气。在击毙坂仓功郎后，岳清新等派人给海拉尔、满洲里的起义部队送信，组织人将飞机拆卸完运往海拉尔。后来人们把此地称为"日本沟"。驻齐齐哈尔日军总部及关东军司令部得知消息，疯狂报复，杀害了许多村民，但中国人同仇敌忾的反抗精神使日本朝野受到极大的震撼。

第五节　民间武装抗击日军

"九一八"事变之后，在与甘南一江之隔的讷河县拉哈镇，驻有日军守备队，时刻威胁着甘南。1932年3月，甘南尚未沦陷，东阳镇的绅户卢文亭是位开明士绅，他认为日军过江是早晚的事，到那时将家园不保，民遭涂炭，应早做准备。于是他在当地采取"按地亩抽丁"的办法，组织了"甘南河东人民抗日红枪会"，成立骑兵队，仅一个月时间队伍就发展到2 000人。当年6月，他率部渡过诺敏江进攻拉哈镇。日军守备队无力抵抗，惊慌失措，撤出拉哈镇逃往齐齐哈尔。

1932年，活动在甘南境内的"天球""天下红"等几股民间武装联合在一起，组成抗日救国军，多达600余人，分兵多路围攻甘南县城。伪县长傅豫廷组织警备队抵抗，并威胁商民参与。经一天一夜激战，警备队不敌，救国军攻克县城，毙、俘敌20余人，傅豫廷等伪官吏弃城逃走，敌上尉鞠万和、中尉杨景桂等带兵逃窜。

1934年9月，伪省警务厅派日本人伊藤丰原英任甘南县警务指导官。当时民间武装"铁山"部50余人在兴隆泉、长山堡一带抗击日军，活动频繁，机动灵活，常常给日伪统治者以致命打击。10月17日，伊藤丰原英得知，"铁山"部在兴隆泉集结，便认为立功的时候到了，立即率警务局及保卫团40余人前往"讨伐"。双方接火后激战于兴隆泉望山北约400米的山谷。"铁山"部大都是贫苦农民出身，爱国心强，面对日伪讨伐队毫不畏惧，人人奋勇当先，越战越勇。结果，"讨伐队"指挥官伊藤丰原英胸部中弹，三名日军被击毙，其余仓皇败退。

1935年7月26日，"天边好"（刘德才）、"任义"（李芳）、"占良好"（朱喜宾）3支队伍70余人联合起来在黄蒿沟一带活动，严重威胁日伪当局的"卧榻"。日本参事官樱井正尚闻讯带警察队和自卫团前往"讨伐"。双方交火后，从上午10时一直打到下午4时。民间武装充分利用熟悉的地形地物，巧妙出击，迂回包抄，打得"讨伐队"没有还手之力。参事官樱井正尚和4名伪警察被击毙，伪警察队长亦负重伤逃走。

民间武装虽然分散，不相属统，但同仇敌忾，在重大行动中常常联合作战，给日伪当局以沉重的打击，极大地鼓舞了民众的抗日斗志，使得日伪当局惶惶不可终日，总感到不安全。虽然全县所有伪警署、分驻所都加高了围墙，挖了深沟壕堑，还是提心吊胆。伪县公署重修了围墙和4个炮台，并调集伪军和警察严防驻守，连伪政府的文职人员也武装起来，夜间轮流放哨。1941年10月中旬，在甘南县城上演了一场"风声鹤唳，草木皆兵"的闹剧。一天深夜，一名放哨的伪文职人员因紧张，不慎走了火。各炮台上的伪军听到枪声，以为是抗联来了，也纷纷盲目开火，紧接着四方也响起了枪声，顿时县城内枪声大作，弹似飞蝗。已在宝山"视察"的伪警务科长接到县城的告急电话，竟说"抗联包围了县城，情况紧急"，火速带领百余名警察乘车赶回县城"增援"。直到天亮才发现是一场自我惊扰的闹剧。

不但抗联和民间武装奋勇杀敌，普通民众也伺机杀敌报国。1932年四五月间，当时县城还没有沦陷，但日军已派间谍潜入甘南，进行情报收集。1932年4月29日，日本人山田弥一郎到敖宝村一带伪装采药从事间谍活动，被村民识破将其杀死。同年5月2日，大有庄"红枪会"发现日本人小林领太郎等7人伪装中国人从事间谍活动，并做地理测绘，刺探敏感军事、经济、交通等情报。他们的伪装被红枪会识破后竟有恃无恐，言辞傲慢无礼，被愤怒的红枪会人员将其群诛。从甘南沦陷至光复前后14年间，甘南民众或零星民间武装人员杀死日本侵略者数十人之多。

随着欧洲战场反法西斯战争的节节胜利，中国人民的抗日战争随之进入反攻阶段。1945年8月9日，中共中央主席毛泽东发表《对日寇最后一战》的声明，号召举行全国规模的大反攻。8月15日，日本帝国主义宣布无条件投降，19日苏军进入甘南，日伪政权土崩瓦解。至此，东北人民坚持14年之久的抗日战争取得最后胜利，光复故国，甘南新生。

第三章　新生民主政权的建立与创建老区根据地

抗日战争胜利后，面对国际国内形势的变化，中共中央提出了建立东北根据地的战略方针。黑龙江地区是创造东北根据地最主要的地域之一，甘南县也被纳入东北根据地的创建工作之中。在中国共产党的领导下，甘南县广大人民积极开展建立民主政权，建立中共地方组织，建立地方人民武装，开展剿匪斗争，实行土地改革，恢复和发展生产，动员参军参战，为支援解放战争、夺取全国胜利做出了巨大贡献。

第一节　人民自卫军解放甘南

1945年8月15日，日本战败，宣布投降。8月19日，苏联红军进驻甘南县城（今甘南镇），接收伪县公署。自此，甘南县人民结束了饱受14年亡国奴的悲惨生活。但是，随着抗日战争胜利后国际国内形势的变化，甘南县的政治时局更加动荡不安。以伪县长张士选为首的伪官吏、伪警特和地主豪绅，为维护其反动统治，密谋成立"甘南县治安维持会"及"国民党县党部"，对甘南人民仍然实行反动的经济剥削和政治压迫。同时，还纠集土匪

GANNANXIAN GEMING LAOQU FAZHANSHI

武装，成立所谓"自卫团""光复军"。准备迎接国民党大员接收政权，以维护其统治地位。

1945年9月下旬，中国共产党嫩江省工作委员会根据中国共产党中央委员会8月25日发表的《对目前时局的宣言》精神，组建民主大同盟，并向各县派人开展革命活动。在党组织安排下，汪渭、刘信三、董永槐来到甘南，他们冒着生命危险，日夜奔忙，积极宣传民主大同盟的十四条纲领，宣传和平、民主、建立新中国的主张，热切的唤起民众，反对国民党蒋介石发动的内战，瓦解和分化地方敌伪残余势力，同伪官吏、国民党县党部中的反动分子、地方维持会进行针锋相对的斗争。在汪渭等人的影响下，一些进步青年积极参加民主大同盟，并有很多青年纷纷投入到嫩江省人民自卫军（于1945年11月改称东北人民自卫军嫩江军区）中，参加剿匪和全国解放战争。

1945年12月上旬，甘南县地方反动残余势力越来越嚣张。伪县长张士选、伪县警务科长于泮滨、光复军头目王振国等，拒绝东北人民自卫军嫩江军区关于和平解放甘南的主张，强迫城镇内居民挖战壕，筑碉堡，妄图阻挡人民自卫军解放甘南县城。

12月11日，嫩江军区一旅在王明贵司令员的亲自指挥下，经过三个多小时的激烈战斗，一举攻克甘南县城（甘南镇），匪军大部被歼。人民自卫军缴获重机枪5挺、轻机枪10挺、步枪500余支、俘敌300余人，伪县长张士选被活擒。县城解放以后，人民自卫军打开监狱，解救了被关押的民主大同盟成员。同时，接收了伪政权。12月13日，嫩江省政府贴出布告，宣布甘南县民主联合政府成立。中共嫩江省工作委员会派出中共党员瞿劲出任甘南县第一任县长，民主大同盟负责人汪渭任副县长。在民主联合政府建立的同时，嫩江省军区警备一旅副旅长宋康指挥独立营解放东阳镇。20日，嫩江军区一旅在司令员王明贵的指挥下，经过3

天的激战，解放平阳镇，歼灭大部匪军，活抓平阳镇维持会长傅显达，俘敌240余人。自此，甘南全境解放，劳苦大众翻身作了主人。

第二节　地方民主政权的建立

甘南县民主联合政府成立后，1945年12月30日发出告全县同胞书，提出四大任务：一是肃清残敌，巩固胜利；二是制止内战，保卫和平；三是自卫防匪，团结人民；四是民主自治，建设甘南。《告全县同胞书》有力地团结了全县人民，极大鼓舞了进步青年，使甘南的民主革命轰轰烈烈地开展起来。12月31日，嫩江省政府、省军区机关根据政治形势的变化，由齐齐哈尔市迁驻甘南县城，并召开省政府机关、甘南县政府机关干部和镇内群众大会。省政府主席于毅夫作了重要讲话，并宣读了《告全省父老兄弟书》。1946年2月19日，根据全国解放战争形势的要求，嫩江省政府、省军区机关由甘南县转移到讷河县。

1946年1月，甘南县正式组建民主政府工作机构。设置1室5科3局，即秘书室、总务科、民司科、财粮科、实业科、教育科、税务局、邮电局、公安局。临时委任的各科室负责人，均为留用的伪职员。同时，在县政府的领导下，组建了区政权。将日伪时期全县11个村划分为7个行政区，并委任了各区区长。

1946年2月28日，县民主政府在甘南镇召开县临时参议会筹备会议。会议讨论通过县临时参议会的筹备方案，选举产生县临时参议会常委会成员，确定各地应选临时参议会会员名额。3月13日，甘南县第一次临时参议会召开。会议听取并审议通过县长翟劲作的民主政府工作报告；讨论通过《甘南县临时参议会组织条例（草案）》；确定新的行政区划，废除"保甲制"，建立区政府；选举县联合会政委（县委书记）冯肖山为临时参议会参议长、李文富为副参议长；选举翟劲为县长，并选举产生了甘南县民主政府成员。会后县民主政府向全县人民发布施政纲领十条。重新任命了各区区长：一区（甘南）赵家华（女）、二区（兴隆泉）张德裕、三区（宝山）王天铎、四区（平阳）李春和、五区（东阳）戴道、六区（长山堡）王永瑞、七区（中兴）洪淼（后由孙肖斋接任）。

县、区民主政权建立后，为把甘南创建成巩固的东北根据地，进行了一系列卓有成效的工作。1946年3月14日，甘南县民主政府在甘南完全小学院内（今幼教中心）举行公判大会。对伪县长、日本特务、组织反动武装的首要罪犯张士选进行公开宣判，依法宣判张士选死刑，立即执行。是日，甘南县民主政府发布第11号布告，决定逮捕在日伪时期效忠日军，残害百姓。光复后仍不改恶从善，继续犯罪的伪满洲国甘南粮食组合长魏寿铭、共同组合主任李乃新，予以惩处。1946年4月中旬，县民主政府发出第12号布告，判处惯匪沈玉林死刑。县民主政府对伪满敌特残余及恶贯满盈的匪首进行镇压，大大震慑了阶级敌人，巩固了民主政权，为甘南民主革命的全面胜利奠定了坚实基础，同时也推进了老区东北革命根据地的创建工作。

1947年，为便于加强对基层乡村政权工作的领导，县民主政府对行政区进行了调整，将平阳区的查哈阳村划出，成立查哈阳区（八区），李殿起任区长。1948年6月，将宝山区的太平山村划出，成立太平山区（九区），王汉荣任区长。将东阳区的巨宝村划出，成立巨宝区（十区），赵海明任副区长。1949年1月，全县开展基层民主建政工作。经过两个月时间，全县89个行政村普遍成立村级政府。1949年5月，根据黑龙江省委、省政府指示，甘南县民主政府改称甘南县人民政府（简称县政府）。县政府工作机构设有秘书室、文教科、民政科、财政科、粮政科、建设科、工商科、农业科、供销合作社、邮电局、税务科、公安局等。

基层民主政权的建立，对领导和组织农民群众建立巩固的东北根据地，支援全国解放战争，起到了保障作用。

第三节　中共地方党组织的建立与发展

1945年12月12日，中国共产党嫩江工作委员会先后派老解放区参加北上建立东北根据地的共产党员冯肖山、翟劲、刘同力（女）、谢健（女）、黄汇归等人来甘南县组建党的地方县级领导机构。经过辛勤努力，12月30日正式组建中共甘南县委员会。由于是秘密建党，为了便于开展工作，对外将县委会称为甘南县各界联合会，书记、副书记则称为政委、副政委（于1948年5月正式称中共甘南县委员会书记及副书记）。甘南县各界联合会组成为：冯肖山任政委（书记），张兴任副政委（副书记），翟劲、周建农、冯良基、刘臣明、刘同力（女）、谢健（女）、黄汇归为委员。委员分工是：翟劲为县长，黄汇归为县保安大队长，周建农为民运部长，冯良基为组织部长，刘亚明为宣传部长，刘同力负责青运工作，谢健负责妇运工作。同时成立甘南县第一个中国共产党支部，即县委、县政府机关支部，张兴兼任党支部书记。机关支部成立后，秘密发展了甘南县第一名共产党员刘绍卿。

中共甘南县委员会组建后，于1946年2月开始组建中国共产党区级委员会（对外称联合会）。7个区委及党的负责人分别是：一区区委书记（时称区教导员，下同）赵家华（女）、二区区委书记陈光、三区区委书记王天铎、四区区委书记李春和、五区区委书记戴道、六区区委书记王永瑞、七区区委书记洪淼。

县、区共产党的组织建立后，把地方的革命斗争、创建东北根据地和各项工作都纳入了党的工作日程，加强了共产党对地方工作的领导，推进了甘南民主革命的进程。根据革命斗争的需要和全国解放战争对东北根据地的需要，县、区党组织切实抓了兵源扩充工作，加强、充实了县保安大队的武装力量。组织县区两级干部下乡，指导和发动农民群众进行反封建斗争，轰轰烈烈地开展剿匪、反霸、土地改革和大生产运动。

在革命斗争的实践和锻炼下，全县涌现出一批热爱中国共产党、拥护党的纲领的积极分子和骨干力量，并在党组织领导下积极工作，热切地盼望加入中国共产党组织。经过严格培养考察，从1945年12月至1948年5月秘密建党时期，全县共建立党支部41个，发展中共党员376名。这些共产党员在剿匪、土地改革和参军支前的各项斗争中，都起到了先锋模范作用，受到广大人民群众的拥护。

1947年冬到1948年8月，县委领导各区、村党组织，开展以"三查"（查阶级、查思想、查作风）、"三整"（整顿组织、整顿思想、整顿作风）为内容的整党运动。通过整党，清除一批不合格党员，发展一批新党员，发挥了党支部的战斗堡垒作用，提高了基层党组织的工作水平和战斗力。

1948年8月，中共甘南县委由秘密建党转为公开建党。根据中共中央东北局的指示，制定全县公开建党方案，各区委进行试点。通过公开建党的宣传教育工作，广大干部和人民群众对共产党有了新的认识，入党积极分子日益增多。到1949年4月，县委召开第一次党员代表会议时，全县已建立党支部102个，89个村有85个建立了党支部。发展党员1 564名，其中女党员161名。党员人数占全县人口的1.68%。在1 564名党员中，农民党员占94%，城镇工人、学生、干部、军人及其他职业者占6%。

1949年4月，中共甘南县委在甘南镇召开中国共产党甘南第一次代表大会。会议总结了1946年以来党的各方面工作，讨论研究了进一步加强党的建设等问题。代表大会结束后，全县各级党组织和共产党员带领广大人民群众，开展互助合作，掀起大生产运动的热潮，以实际行动建立巩固的根据地，迎接全国解放战争的伟大胜利，迎接新中国的诞生。

第四节　建立地方人民武装

（一）建立县保安大队

1946年初，为彻底消灭日伪残余势力及打击土匪的骚乱活动，以创建东北根据地，巩固人民民主政权、保卫"土改"斗争和大生产运动，支援全国解放战争顺利进行。根据嫩江省军区司令部的指示，组建了甘南县保安大队。这是共产党解放甘南后，成立的第一个地方人民武装。经省军区批准，黄汇归为大队长，冯肖山为政治委员。县保安大队经不断发展，扩充到200人，下辖7个区保安中队，各中队设队长、指导员各一人，保安队员20到30人，分骑兵、步兵两个班。1946年8月，县大队及各区中队，开展了阶级教育和思想政治教育，强化了部队建设，保证了剿匪和其他各项战斗任务的胜利完成。1948年8月，县保安大队和各区保安中队撤销。县保安大队部分队员编入主力部队，参加东北人民解放战争。部分队员编入县公安中队，承担县内剿匪和维护社会治安工作。还有部分队员转业到地方参加生产。

（二）组建农民自卫队

1945年12月，结合民主建政，甘南县各区、村分别组建了农民自卫队（含民兵基干队），以配合正规部队开展剿匪和维护社会治安等项工作。县联合会（县委）制定了《农民自卫队、民兵基干队组织办法》，明确规定组建农民武装的宗旨是防御土匪的抢劫骚扰，使农民安居乐业。自卫队是不脱产的非战斗组织（其中民兵基干队是不脱产的战斗组织），平时查户口、放哨、传递军事情报、追捕坏人；战时破坏敌人交通，协助侦察敌情，担任护送伤员和运输粮食、弹药等任务。农民自卫队员必须出身清白，政治可靠，以自然屯为单位组织。7至10人编为一个小组，三个小组为一个小队，每行政村编为一个中队，每区编为一个大队。农民自卫队平时受同级农会领导，战时由县、区武装委员会统一指挥。从1945年12月始到1947年末，全县7个行政区、89个行政村，均组建了农民自卫队，队员8 610人（其中基干民兵861人）。1948年以后，农民自卫队经过整顿，逐渐由民兵组织替代。

第五节　开展剿匪斗争

1945年，日本宣布无条件投降，但由于蒋介石推行独裁、内战方针，甘南县全境政治局势和社会秩序仍然十分混乱，敌伪残余势力（伪官吏、警察、特务）不甘心失败，继续为非作歹。地主阶级为维护本阶级的统治地位，也纠集在一起成立所谓的"自卫团""光复军"，伺机等待国民党大员来接收。以伪县长张士选为首，组建所谓"甘南县治安维持会"取代伪县公署。并唆使大地主王振国到处招兵买马，网罗反动势力，拼凑"甘南县自卫团"（后称光复军），网罗反动武装300多人。中兴区大地主于永灵，集结地主武装，成立黑军，编入"国民党挺进军"，于永灵被委任为二师六旅四团团长。东阳镇大地主卢兴周，纠集汉奸、特务、地痞、流氓等成立所谓"东阳自卫团"，被"国民党光复军"头目尚其悦收编，卢兴周被委任为二旅旅长。中兴区大地主刘兴东，拉起匪绺报字"好友"，也被尚其悦收编，委任为小队长。此外，在县境内经常流窜的匪股还有"文武""助中国""海红""华蝴蝶""天下好""海山""明阳""密松"等520余人。

上述敌伪势力和土匪武装，无恶不作，反共反人民，危害共产党人和革命群众，犯下了滔天罪行。一是企图颠覆新生的民主政权。1946年春，县民主政府组建中兴区政府时，日伪残余分子高志恒（土匪头目于永灵、刘兴东的死党），伪装积极，骗取信任，窃居中兴区副区长职务。与此同时，已被人民自卫军剿匪部队击溃的"嫩江省保安警察总队"残匪董奎英、彭文学、霍秀春等人也混进中兴区保安中队内，并分别担任班长、副班长等职务。他们互相勾结，多次密谋杀害区政府干部。1946年10月12日夜，在高志恒的指使参与下，杀害中兴区委书记洪淼、区保安中队队副刘通和小队长张殿鳌三人，并抢走区政府长短枪22支、子弹3 000余发、马16匹、汽包车1台及部分物资。1946年秋季，县境内流窜的"助中国""希奇""天下好""文武""海红"等合股土匪近400人，分东、西、北三路围攻宝山区政府，并扬言"活捉区长王天铎、打下宝山区政府"。面对顽匪的嚣张气焰，区长王天铎一面指挥区中队、民兵自卫队、区政府干部进行自卫反击；一面派人连夜向县政府报告敌情。一天一夜打退敌人多次进攻。增援部队到来后，内外夹击，将顽匪击败，保卫了新生的民主政权。二是阴谋瓦解人民武装力量。1945年，嫩江人民自卫军为壮大队伍，抓紧扩充兵源。但在工作中，由于放松了对日伪残余势力的高度警惕，致使部队混入少数反革命分子。12月13日，嫩江军区人民自卫军警备一旅副旅长宋康，带领独立营解放东阳镇。第二天，大地主卢兴周和日伪残余傅芝等人，勾结混入人民自卫军内部并被委任为独立营营长的冯玉才，阴谋策反叛变，写信联合平阳镇的顽匪于海涛，妄图里应外合攻打独立营。当送信人被独立营岗哨抓获后，宋康副旅长当机立断，作了战斗部署。但由于冯玉才借营长职权之便已给傅芝通风报信，使敌人抢先一步开始行动。在双方的激战中，敌人打死独立营警卫员3人、指导员1人；策反叛变100余人，使独立营遭到惨重损失。三是公然杀害"土改"工作团干部和积极分子。1947年9月，报号"好友"的土匪头子刘兴东，带匪徒在中兴区阎家街屯，抢走县保安大队生产点胶轮大车1台、马3匹、长枪2支、子弹200发、手榴弹6枚，还在长山堡区唐家粉坊屯将农会干部1人毒打致残。11月，又在布特哈旗戈德镇杀害"土改"干部8人（其中女干部1人），抢走枪8支。据统计，刘兴东先后打死打伤"土改"干部26人、普通群众22人，抢走役马100余匹，其他物资不计其数。

为尽快肃清匪患，巩固人民民主政权，扩大创建东北根据地成果。根据中共嫩江省委指示，1946年10月成立甘南剿匪指挥部。指挥部领导成员有：司令员任德福、副司令员崔文炳、参谋长黄汇归、政治委员冯肖山、政治部主任张兴。指挥部成立后，下达了第一号通令：动员地方武装力量协同作战，干净彻底地剿灭土匪和敌伪势力。在剿匪斗争中，坚持正规部队与群众联防相结合的方针，发动强大的政治攻势，深挖匪根，消除隐患。

1946年至1947年，甘南县境内大股土匪被击溃，但少数顽匪仍然烧杀抢劫，危害民主政权及人民生命财产安全。为彻底消灭这些顽匪，剿匪指挥部开展了政治攻势，进行分化瓦解、招降土匪。在招降工作中，大力宣传共产党的宽大政策和主动投降的一个不杀的方针。具体做法：广泛散发上级军区政治部下发的劝匪投降布告；编唱欢迎土匪回家的歌曲；做土匪名牌，不回家的即挂在其家门前；召开土匪家属座谈会，宣传解释共产党的宽大政策，劝家属寻找捎信，动员土匪早日回家。坚持宽严结合政策，对被捕获的顽匪予以镇压，对投降的土匪发给释放证明和生活补助费，妥善安置。1946年秋，"占西川"股匪在甘南兴隆泉区新发屯活动时，共产党员老刘头向土匪宣传宽大政策，致使匪兵周德发（首匪"占西川"的马拉子）等8人携枪带马前往甘南县民主政府投降。县里对他们进行政策教育之后，分别发给释放证明。对表现好的并积极向政府提供土匪家属藏匿枪支线索的周德发，批准加入县公安局公安队。截至1948年底，全县共招降土匪148人，收缴小炮2门、步枪137支、重机枪2挺。

为迅速消灭甘南境内罪大恶极的顽匪"好友"匪首刘兴东、"打一面"匪首滕万林、"太平"匪首郭凤岐等，根据嫩江军区"尽快一网打尽"的指示，县公安局开展了复杂艰苦的侦缉、追剿工作。公安局以"好友"匪首刘兴东的亲属马秀春为诱饵，制造了马秀春越狱逃跑的假象，以此开展侦缉工作。公安人员兵分两路，一路到马家及其亲属家进行马秀春越狱逃跑的假调查；一路带马秀春去白城子，找到匪首滕万林父亲家。马秀春以被公安机关追捕对象的身份出现，急于寻找刘兴东，以求帮助逃避人民政府打击。滕父信以为真，告诉了滕万林隐藏地点。侦缉人员按滕父提供的线索，立即奔赴铁岭县。在当地政府协助下，化装成下乡干部，以检查生产为名，于1951年2月8日在夏家楼将匪首滕万林逮捕。经突审，滕万林供出匪首郭凤岐的藏身地点、枪支埋藏地点和匪首刘兴东逃往平原省（今山东省）的线索。侦察员迅速将情况电告县公安局，县局针对侦缉线索又增派5名得力干部前去铁岭参加侦破。1951年3月，甘南县公安局人员在通辽县公安局的配合下，将惯匪郭凤岐抓获。在突审郭匪时，查出匪首刘兴东隐藏地点。3月下旬，在山东省单县西郊村将匪首刘兴东逮捕归案。1951年4月，滕万林、郭凤岐、刘兴东三土匪被人民政府公判镇压。

第六节　实行土地制度改革

为了把甘南县建成巩固的东北根据地，甘南县在全县实行土地改革，把土地分给农民耕种。既解决了农民自身生活需要，也将大量农产品用于支援全国解放战争。

（一）开展清算斗争，分配敌伪土地

1946年3月，根据中共嫩江省委部署，甘南县组织工作队，深入到大岗村、欢喜岭村、山湾村进行"清算"斗争试点。大岗村有252户人家，9 150亩耕地。全村贫雇农195户，占总户数的75%。除部分给地主、富农扛活、耪青外，大部分给日本开拓团做长工，维持生活。县工作队进村后，一边调查摸底，一边向贫苦农民宣传共产党的政策，"帮助穷人闹翻身"，实行"耕者有其田""土地还家"，使农民解除了思想疑虑。工作队通过积极工作，摸清了依靠力量，培养了骨干，建立起村农会组织。在农会的领导下，成立清算委员会。接着，召开全村贫雇农诉苦大会，开展清算斗争。将日本开拓团强占的土地和伪屯牌长的土地，分给无地和少地的农民耕种。试点结束后，于1946年6月至1947年8月，在全县范围内开展贯彻党中央《关于清算减租及土地问题的指示》（即《五四指示》）活动。从县到区、村都成立

了农会，紧紧依靠广大贫雇农民，在城乡掀起反奸除霸、分配土地的群众运动。广大贫苦农民翻身做了主人，清算了汉奸、恶霸和伪村、甲屯长。从他们手里，夺回了本是劳苦群众自己的土地和财产。

（二）煮"夹生饭"与"砍挖"斗争

1946年11月，中共中央东北局发出的《关于解决土地运动中"半生不熟"问题的指示》。为认真贯彻这一指示，中共嫩江省委要求各县认真检查，"土改"是否达到"地到手、粮到口、人到房、马到圈、枪换肩、地换照"的要求。如发现"夹生"村屯，则重新发动群众，排除各种干扰，把"夹生饭"煮成熟饭。1947年2月始，甘南县重点开展改造"夹生饭"工作。同时，开展"砍挖"（砍大树即恶霸、大地主等，挖坏根）斗争。县联合会（县委）和县民主政府组织工作队深入各区、村，结合备耕、春耕生产，对群众进行再教育。广泛宣传讲解改造"夹生饭"与开展"砍挖"斗争的目的与意义，采取诉苦会的形式，进一步激发广大群众的阶级觉悟，打消疑虑和后顾之忧，对"夹生饭"的重点村屯重新开展清算斗争和土地分配工作。1947年5月，长山堡区抽调9名区、村干部，深入到长发屯改造"夹生饭"。这个屯在清算斗争开始时，群众没有真正发动起来，贫雇农对政策不托底，顾虑很大。加之大地主华振海花言巧语，欺骗群众。因此，出现假斗争、假分地的现象。工作队进屯后，先召开贫雇农大会。区委书记森林向群众宣讲"砍挖"斗争重要意义，号召贫苦农民积极参加反封建民主革命斗争，解放自己，翻身作主人。会后，工作队访贫问苦，启发他们的阶级觉悟。老雇农韩文山说："清算工作队来到之前，华振海便把我们这些给他扛大活、榜青户找到一起说，咱们都是多年老乡亲，我这些地用不着工作队来分，就自己分了吧。明年种地时，你们愿种哪块地就种哪块地。工作队来了大家为我多说点好话。可到种地时，他分给大伙的多是撂荒地。说是区政府让这么办的。经他这么一说，大伙信以为真。所以，工作队一进屯，有人说华振海这家人挺好，还分给我们地种。现在，听了区领导宣讲的政策主张，才明白受了大地主华振海的骗了。"给华振海扛过多年大活的王宗、张景昌、董连生、董宝贞、顾喜德等贫雇农也向工作队揭发了华振海巧立名目，吞食他们劳金和残酷剥削劳动人民的罪恶。通过宣传教育，访贫问苦，群众阶级觉悟提高了。5月末，长发屯召开斗争恶霸大地主华振海群众大会，对华振海进行彻底清算，把他剥削劳苦农民的土地、财产分给了劳苦农民。长发屯的清算斗争顺利进行，"夹生饭"做成了熟饭。经过县、乡、村个体努力，全县改造"夹生饭"和"砍挖"斗争取得了全面胜利，截至1947年8月末，广大贫雇农分得了土地、房子、牲畜等财产总价值达45 451.7万元（东北券）。9月1日，县联合会召开全县第一次农民代表大会，到会代表400人。县联合会政委（县委书记）冯肖山总结两年来农民运动经验时指出：甘南县农村土地制度改革运动取得了巨大的成就，劳苦群众基本发动起来了，封建势力基本上被摧毁了。大会讨论并通过了《甘南县农民联合会组织章程（草案）》，选举产生了甘南农民联合会组成人员，选出执行委员11人，张超、孙忠信、胡锡山3人被选为常委，张超被选为主任委员。

（三）平分土地

1947年秋，中国共产党颁布了《中国土地法大纲》。1947年12月，甘南县根据嫩江省委、省政府指示精神，召开全县贫雇农代表大会，学习《中国土地法大纲》，并就县内如何开展宣传贯彻土地法大纲、开展平分土地运动作了具体部署。会后，全县各村都召开了群众大会，向广大农民交代政策，讲明土地分配之后要确定地权，不得转让和出卖。分地方法：对每个屯的土地进行丈量、编号，根据土质好坏、距离居住地远近，优先分给军烈属和贫雇农好地、近地；中农次之；对地主、富农家也分给适当的土地。到1948年2月，全县参加平分土地的农户达1.6万余户，共平分土地60余万亩（熟地），户均40亩左右。在平分土地的同时，县内各区、村根据《中国土地法大纲》和中国共产党中央委员会关于查阶级定成分的政策规定，开展划定成分工作。同时，又普遍地进行了评定土地等级和颁发土地执照工作。广大群众手捧地照激动万分，高兴地说："真没想到，这辈子还能有了土地，又领了地照，这是咱们庄户人家祖祖辈辈的命根子啊！""我们今天有了自己的土地，多亏共产党和毛主席，今后一定好好生产，支援前线，支援全国革命。"

（四）开展纠偏补偿工作

1948年1月，省委根据在土地斗争中，少数干部政策观念不强，发生了过"左"偏向，出现坏人整干部的现象，下发了《关于贯彻纠偏工作的通知》，甘南县立即采取具体措施，认真开展纠偏补偿工作。针对干部和群众存在"认为纠偏是小题大做，是给贫雇农脸上抹黑"的模糊认识，召开全县纠偏工作会议，向各级干部讲清楚纠偏的重要性，以及纠偏的方法和措施。要求各级干部以身作则，做好群众思想工作，认真搞好本区、村的纠偏补偿工作。全县的纠偏原则和具体办法：对划错成分的重新划出来；对斗错的城镇工商业者和农村的中农给予经济补偿。在纠偏工作中，对造谣生事的坏人予以严厉打击。纠偏工作要依靠广大贫雇农，不能干部自己说了算。要树立贫雇农的绝对优势，不允许坏人破坏捣乱。同时，制定了纠偏补偿原则：所没收财产、物资视具体情况予以退回，对错划阶级成分的基本予以了纠正。通过纠偏补偿，极大地教育了在"土改"中被错斗错分的城镇工商业者和农民,他们深感中国共产党的英明、伟大,表示坚决拥护共产党的领导,跟共产党走。

通过土地改革运动,彻底摧毁了封建、半封建的土地制度,实现了"耕者有其田"。广大贫苦农民第一次有了自己的土地、牲畜、农具等生产资料和房屋、粮食等生活资料。以贫雇农为骨干的阶级队伍在农村掌握了自己的命运,成为发展农村生产力最活跃、最积极的力量。

第七节 开展大生产运动,建立巩固的根据地

甘南县是以农业为主的县份。1945年以前,由于长期受日本侵略者和封建地主阶级的压迫和剥削,经济十分落后,社会生产力非常低下,人民群众陷入极端贫困的境地。1946年初,县民主政府认真贯彻中国共产党"关于建立巩固的东北根据地"、"全力支援战争"的指示,派出干部深入农村,一方面建设民主政权,一方面组织群众开展大生产运动。根据贫困农民种地缺畜力、缺口粮、缺籽种的实际情况,在全县范围内动员与组织农民开展了互助互济、互通有无、共同种地的活动。同时,贷给农民口粮、籽种、马料等125.7万斤,筹措资金5 157.5万元(东北券),扶助775户农民种水稻39 698亩。经过干部和农民群众的共同奋斗,农业生产获得较好收成,不但缓解了贫苦农民的窘困状况,还以人力物力支援了东北解放战争。

(一)大力发展农副业生产

农副业生产运动的开展,主要是组织农民"自愿两利、评分记工、清工还工"和"生产互助、插犋还工",克服困难,发展生产。实践证明,凡是骨干力量比较强的村屯,插犋换工都能做

到常年生产互助，逐步发展到互助组，农业生产很快得到发展。有的地方"生产互助、插锹换工"坚持不长，因此生产上不去。广大农民体会到了互助组的优越性。因此，县内互助组逐年增加。

农业大生产运动有力地推动了全县水利建设。1948年5月初，县内西部中兴等5个区抽调民工1 448人，修筑甘南区敖宝村永和屯音河防洪堤坝，全长17 500米，底宽7米，顶宽3米，土方8.8万立方米。音河防洪堤坝筑成后，有效地防止了音河两岸甘南区、长山堡区308万亩农田遭受水患，并使10.5万亩肥沃土地得以开垦。1949年4月始，平阳区动员825名民工补修查哈阳灌区田间工程（日伪时期的半截子工程）。仅用13天时间完成土方1.2万方，发展水田4.9万亩。

甘南县在农业大生产运动中，一方面注重发展种植业，一方面普遍开展副业生产。各区组织农民因地制宜开展倒套子、狩猎、打鱼、熬碱、拉脚、卖柴草等生产活动。据统计，1947年至1949年3年间，全县副业生产收入达241.64亿元（东北券）。

大生产运动的开展，有力地推进了甘南县农副业生产向深广发展，取得了良好的成效。到1949年，全县耕地面积由1947年的103万亩增加到119万亩；粮食产量由1946年的6 172万斤增加到1.4亿斤；上交公粮由1946年的409.6万斤增加到2 661.9万斤。大生产运动提高了农民生活水平，也有力地支援了东北解放战争。

（二）私营工商业的发展

"八一五"光复前，由于日本侵略者实行"经济统制"，甘南县工商业十分萧条。县城140家工商业户中，除永兴福、升发和等几户有日商大元洋行的支持，专营敌伪"配给"商品，生意比较兴隆外，其他大多数濒临倒闭状态。

1945年12月13日，甘南县民主政府成立，15日召开甘南镇居民大会，贯彻共产党保护与发展工商业政策。会后，曾经停业的商户陆续挂牌开业。被禁销多年的商品猪肉、白面、大米开始上市。县内集镇、大小市场秩序井然。1946年，个体摊床猛增，由1945年"九三"前的十几户，增加到87户。

1948年1月，嫩江省政府发出通知，要求对城镇工商业加以保护。1948年3月至6月，县民主政府多次召开工商业者座谈会，宣传贯彻中国共产党提出的"发展生产，繁荣经济；公私兼顾，劳资两利；城乡互助，内外交流；工农联盟，共同前进"的方针，并且纠正和补偿了土地改革中侵犯工商业者利益的问题和所造成的损失，进一步解除了工商业者的顾虑，调动了生产经营积极性。甘南镇内不少坐商把隐藏的资金拿出来扩大经营。县城内41家个体商户自发组织起来，在十字街成立"新民商场"，在二道街成立"解放商场"，集中经营，单独核算，自负盈亏。1948年12月，县民主政府成立工商科，加强对工商业者的引导、管理。至此，县内私营工商业进入稳定发展时期。

1949年4月，全县进行私营工商业登记，有工商业户294户，比1945年增长1倍多；资本金达2.6亿元（东北券）。经过登记，工商业户对共产党的保护与发展工商业的政策，更为托底了，发展经营的积极性更高了。到9月底，全县工商业户发展到575户，其中：私营商业339户、私营手工业达236户，从业人员518人。

（三）供销合作商业的创立与发展

1946年春，县联合会政委冯肖山在考察农村经济中了解到农村经济落后，交通不便，而城镇商人在经商交易活动中严重盘剥农民。要想从根本上解决这一问题，必须创办农民自己的商业，以遏制和消灭中间私商的剥削行为，促进农村经济发展和农民生活的提高。在冯肖山的建议下，甘南县民主政府利用没收敌伪时期"专卖"商业资产，创办了全省第一个县级供销合作社。1946

年7月1日，在被没收的"升发和"旧址，成立甘南县第一个群众性商业组织——甘南县供销合作社，自有资金7.18亿元。这些资金的来源，其中60%是动员群众入股；30%是县民主政府入股；10%是清算斗争的果实。县供销合作总社的主要任务是供给城乡人民生产、生活的必需品，推销农民的农副产品，组织城乡商品流通。1946年冬，宝山区第一个成立区供销合作社。1948年春，县内又先后成立7个区社。供销社的成立，对于扶助农村人民生产、生活，发挥了巨大的作用。1948年春耕、夏锄时出现严重粮荒，农民缺口粮、种子，种地十分困难。县供销合作总社组织各区供销社，集中力量从内蒙古阿荣旗一带买回粮食95万斤，供给农民，解决粮荒，扶助生产。同时，供销社从农民的利益出发，在新粮没下来之前，帮助农民预售粮食，换取棉花、布匹，解决冬季衣被等问题。1948年9月间，新粮还没上市，农民就急于廉价预售新粮换季。县供销总社为防止私商投机者乘机盘剥农民，便与齐齐哈尔贸易公司议定，以12市斤大豆换取1尺棉布的比例，签订了以1 000吨粮食换取布匹900匹、食盐30万斤的预购粮换货合同。货物运到甘南后，县供销总社及时分拨到各区社，把物资送到农户。这次以粮换货共给农民节省资金4亿元，广大农民十分满意。

县、区供销社给农民带来了切身利益，农民也认识到供销社的好处。于是踊跃入股。县联合会根据甘南农村面积大、农民居住分散的特点，决定成立村级供销合作社。县联合会政委冯肖山亲自来到宝山区靠河村，宣传发动农民到供销社入股。1948年12月1日，甘南县第一个村级供销合作社——宝山区靠河村供销合作社正式成立。至此，甘南县供销合作社形成了县、区、村三级网络。到1949年5月，全县建立县总社1个、区社8个、村社21个，共有资金近30亿元（东北券，下同），入社社员达到29 581

人，占全县人口的31.9%。同年5月，县供销总社更名为县联社。县、乡、村三级供销合作社为农民供应了大量的生产、生活必需品，并为广大农民推销大量的农副产品。从供销合作社成立到1949年5月，共供应生产资料、生活必需品总价值73.15亿元，人均达7.8万元；推销农副产品总价值72.18亿元，人均达7.7亿元。

供销合作社的成长壮大，活跃了农村经济，减少了私商的中间盘剥，给农民增加了收入。据《县委关于甘南县合作社春季事业总结》中记载：一是供销社对农民购货实行九扣或九五扣优待。1949年1月至4月，供应55亿元商品中即为农民节约5.5亿元。在收购农副产品方面，供销社收购农民的粮食每斤平均比市价高约100元。收购460万斤粮食，就为农民增加收入4.6亿元。供销社组织推销农副产品，有效控制了私商的压价收购。仅鸡蛋一项，由于供销社就地收购，价格合理，积极推销，农民少受损失1.4亿元。二是保证了市场供应，平抑了物价。在国营商业建立之前，供销社经济的发展、经营范围的扩大，确实起到了活跃城乡物资交流，保证市场供应，稳定物价，繁荣经济，安定人民生产、生活的作用。

第八节　参军支前，支援全国解放战争

（一）踊跃参军

1946年6月26日，蒋介石悍然撕毁《停战协定》，大举围攻中原解放区，发动对解放区的全面进攻，挑起中国历史上规模空前的反革命内战。为尽快消灭国民党反动统治，解放全中国，甘南人民在中国共产党的领导下，掀起保家卫国参军支前的热潮。

在动员广大青壮年参军参战的过程中，县、区、社做了大

量的宣传教育工作。为解除青壮年及其家属的思想顾虑，层层举办宣讲会、忆苦会，向广大青壮年及其家属进行爱国主义教育和打倒反动派建立新中国的光明前景教育，动员青壮年报名参军。各区、社首先动员共产党员和干部带头报名参军，以实际行动在群众中起模范带头作用。其次是扎扎实实地做好家属的思想政治工作，宣传拥军优属政策，并且帮助有困难的参军家属解决实际问题，排除他们的后顾之忧。再次是组织好欢送会，对入伍的新战士，群众给他们披红戴花，打造"一人参军，全家光荣"的舆论。1946年10月，东阳区新民村村民关凤春兄弟四人，怀着翻身后的喜悦心情，怀着对建立新中国的美好憧憬，争相报名上了前线。新民村基干民兵队长、共产党员宋金海，不仅组织动员别人报名参军，而且自己也积极带头报名上前线。在他的带动下，全村超额完成扩兵任务，受到上级表扬。兴隆泉区劳动模范李德友身边有三个儿子，大儿子已经参军在前线作战。在1947年的扩兵中，又送二儿子参军，得到群众的高度赞扬。中兴区劳动模范李国义只有一个儿子，为支援前线打胜仗，解放全中国，他毅然将唯一的儿子送赴前线。

自1946年初至1949年9月，全县先后动员2 335名青壮年参军参战，他们先后参加了闻名的辽沈战役和淮海战役，为解放全中国立下了功勋。

（二）支援前线

在解放战争中，甘南县一方面动员大批青壮年参军参战，另一方面组织大批战勤民工、担架队、马匹、车辆以及捐助物资，支援前线。

1947年4月，第一批战勤民工出发。大车队队长高发带领37辆大车拉着军需物资和给养，冲过敌人的重重封锁线，按时到达前沿阵地，圆满地完成了支前运输任务，受到战线总部的通报嘉奖，荣立三等功。担架小队长王国臣同担架队一起，冒着枪林弹雨，不怕苦，不怕死，积极抢救和护送伤病员，多次受到嘉奖，并荣立三等功。车夫纪景春，在前线执行任务时，主动把自己携带的2 000元钱拿出来，给伤病员买东西吃。在任务紧迫时，纪景春单人单车过险区，完成上级交给的运输任务，保证前线的物资供应。

从1947年4月至1948年6月，全县共动员战勤民工830人、担架108副、大车52台、马219匹，奔赴前线参加战勤工作。这期间，全县捐送大量慰问品，及时送往前线，其中：军鞋12.39万双、服装2 494套、帽子830顶、各种干菜8.2万斤、粉条3.6万斤、禽类6.5万斤、猪肉3.25万斤。

1949年4月23日，中国人民解放军一举解放国民党的反革命统治中心南京，宣告国民党反动统治王朝的覆灭。甘南县人民在全国革命取得节节胜利的大好形势鼓舞下，更加努力工作，团结奋斗，迎接新中国的诞生。

第四章　甘南老区由新民主主义到社会主义的转变

　　1949年10月1日，新中国宣告成立，开创了中国历史的新纪元。甘南革命老区人民也和全国人民一道，在新的历史时期开始了新征程，新生活。

　　从新中国成立到1952年期间，老区人民在中共甘南县委，县政府的领导下，大力发展新民主主义经济，恢复和发展教育、卫生、文化等社会事业，开展镇压反革命运动和支援抗美援朝运动，开展"三反""五反"运动，完成了各项社会改革任务。1953年以后，中共甘南县委、县政府领导老区人民认真贯彻执行党在过渡时期的总路线，实行"一化三改"，对生产资料私有制进行社会主义改造，积极发展地方国有工业和国有商业，并在其引导、带动下发展集体工业、手工业，巩固和壮大集体商业。全县各族人民，万众一心，众志成城，顺利完成了第一个五年计划的各项任务，完成了对农业、手工业、私营工商业的社会主义改造，实现了从新民主主义向社会主义的历史性转变。

第一节　地方国营工业的建立与发展

甘南县是一个建制较短的农业县份，地方工业基础薄弱。1949年初，甘南县将土地改革时没收敌伪铁工厂、制油厂、制酒厂3户工业企业改造为地方国营企业。当时年总产值仅有7.9万元（东北券）。1950年10月，为加强对国营工业企业的领导和管理，成立县企业公司。1951年、将铁工厂、制油厂、制酒厂三家合并，改称"甘南加工厂"。在甘南城郊新建了甘南制砖厂。在平阳区新建了造纸厂（生产呈文纸）。1952年，国营工业总产值达到41.9万元（东北券），比1949年增长4倍多。

1953年，甘南县在党的"过渡时期总路线"指引下，加强了对地方国营工业的领导，成立县委财经贸易工作部，负责管理全县工业、财贸工作。1954年，新建了糖稀厂和食品厂，使地方国营企业增加到6家，工业总产值达到77.3万元（东北券），比1953年增长26.2%。1955年1月，县企业公司改称为县人民委员会地方工业科（同年10月改称工业科）。到1956年，先后新建地方国营企业陶瓷厂、修配厂、甘南制米厂，年工业总产值达到114.7万元（新人民币），比1955年增长近1倍。

从国民经济恢复到"一五"计划建设时期，县内国营工业企业，在经营管理方面，注重抓了三个环节的工作。一是健全民主管理制度。坚持"干部参加生产，工人参加管理"的原则，建立"工厂管理委员会"。干部深入车间、班组，在参加生产的过程中了解、掌握生产中出现的问题、难题，及时研究，予以解决，进一步密切了干群关系，调动了工人参加管理的积极性，真正发挥了主人翁作用。二是经常地、持续地开展增产节约竞赛运动。

所有工厂企业的车间、班组都把节约一分钱、一斤煤、一个螺丝钉，增产一两油、一两米、一张纸、一块砖的增产节约活动，变成工人群众的自觉行动，从而促进劳动生产率的普遍提高。全县国营工业企业人均产值1956年达2 517元，比1952年的1 052元增长1.5倍。工业产品成本不断下降。三是发动工人群众提合理化建议，群策群力办好企业。1956年上半年，9家国营工业企业工人提合理化建议43件。县制酒厂采纳工人建议后，出酒率由第一季度的19.34%提高到第二季度的24.8%。由于加强企业管理，促进了工业产品品种、产量和质量的增加与提高。1950年，企业只能生产白酒、豆油，到1952年后，生产范围不断扩大，工业产品增加了发电、糖稀、红砖、糕点、粮米加工等工业品种。

随着国营工业的不断发展，工人队伍也在逐渐壮大。1950年，全县国营工业企业职工只有87人，1953年增加到254人，1956年增加到367人。在发展生产的基础上，工人的工资和福利待遇也有了提高。1950年，工人年平均工资为400元，到1956年增加到505元，提高25%。从1953年开始，全县国营工业企业普遍实行公费医疗，职工享受公费医疗待遇。

工人队伍的增长壮大，工人生产积极性的提高，推动了全县工业生产的发展。据统计，县属国营工业企业在三年经济恢复时期，工业总产值分别为：1950年21.7万元，1951年27.5万元，1952年41.9万。第一个五年计划期间，国营工业总产值分别为：1953年61.4万元，1954年77.3万元，1955年67.6万元，1956年114.7万元。

第二节　文教卫生等社会事业的发展

（一）发展教育事业

新中国建立初期，中共甘南县委、县政府在对旧社会的学校及教育形式进行全面改造的基础上，采取了一系列措施发展教育事业。一是在整体布局上对教育事业的发展进行规划，根据群众居住距离的远近增设小学学校和班级，以方便适龄儿童就地上学。二是完善和加强了完全小学校的领导力量，从机关和事业单位选调热爱教育事业且具有一定领导能力的人担任完全小学校的领导职务。三是从1950年到1954年的5年间，每年利用寒、暑假期，由县教育科牵头，对全县小学教师集中到县城进行统一培训。1950年，成立了县教师进修学校，每年组织在职教师或利用业余时间或离职进修学习。四是在1951年后设立中、小学视察员，对全县办学情况进行巡回检查指导，总结交流教学经验，加强对教师的业务指导。五是不断增加对教育事业的投入。1949年县财政教育支出为0.6万元。1952年增加到6.2万元，1956年增加到29.5万元，比1949年增加49倍。到1956年，全县小学校由1949年的128所增加到146所，班级由207个增加到345个。在校生由7 195名增加到13 697名，适龄儿童入学率达90%。教职员工由204名增加到387名。1952年，成立甘南县第一所初级中学校，共有教职工7名，在校生111名。同时招收了一个师范班，附属于初级中学校，学制一年，学生毕业后担任小学教师。到1956年县初级中学校由建校之初的2个班增加到9个班，学生增加到489名，教职员工增加到39名。从1953年到1956年的四年间，共培养出500名初中毕业生，其中有400多名升入上级学校，近百名毕业生参加了工作。

为了改变甘南地区广大群众特别是绝大多数农民文盲、半文盲，以及多数机关干部识字不多，文化水平低的落后状况，中共甘南县委、县政府根据1950年3月东北人民政府颁布的《关于试行开展识字运动及业余补习教育的决定》和同年6月中央人民政府政务院《关于开展职工业余教育的指示》精神，成立了机关干部文化补习学校。1951年，共有387名机关干部参加文化补习学校学习，其中科、股长38名。1956年初，文化补习班予以整合，成立了4所业余文化学校，共有班级35个、学员2 163名，专职教师25名。经过几年的业余学习，县直180名文盲、半文盲干部中有40%达到了高小文化程度，60%达到了初中文化程度。

从1949年末开始，全县农村开展冬学识字运动。至年底，全县共办冬学586处，每个自然屯都设有1处冬学场所，一些户数较多的自然屯设2处冬学场所，参加冬学的人数达15 626名，占全县人口总数的16%，其中参加冬学的村、屯干部358人。1950年，全县在冬学办学形式上进行了改进，采取集中与分散相结合、小组学与家庭学相结合、兼职教员教与小学生当"小先生"教相结合的办冬学扫盲形式，为一些老年人和家庭妇女创造了学习识字的机会。是年冬学人数增加到18 743人。1953年3月，甘南县政府成立了扫盲办公室，在各区设立了11所扫盲中心校，配齐了专职的扫盲教师。

1954年，甘南县政府进一步调整了扫盲教育工作，规定由县教育科统一进行管理。1956年3月26日，县政府发出《关于加速扫除文盲工作的指示》。6月，中共甘南县委召开了第一届扫除文盲积极分子代表大会，会上宣布成立甘南县扫除文盲协会。随后各区、村建立了84个扫盲协会，发展会员5 744名。10月，全县扫盲工作进行了普查，全县共有26 989名文盲或半文盲参加了扫盲识字学习，其中有700余人达到认识3 000个汉字水平。这一年扫盲冬学活动达到了高潮，全县参加冬学的人数达到4.73万人，其中高小班学习的729人，初中班学习的54人。

学校教育事业和社会教育事业的发展，不仅使90%左右的适龄儿童能够入学获得正规的科学文化知识教育和培养，而且使广大群众获得了学习识字的机会。同时，通过社会教育和扫盲教育，提高了处于文盲、半文盲状态的机关、企事业和农村干部的文化水平，极大改善了干部队伍文化水平普遍过低的状况，为此后进一步提高社会的科学文化水平做出了具有开创性、基础性的历史贡献。

（二）创办文化事业

新中国建立之前，甘南地区除民间和业余团体有些文艺表演、大秧歌之外，尚未有正式的文化机构和经常性的文化活动。新中国成立后，新华书店甘南支店于1949年10月5日正式成立，成为甘南县第一个经营图书的文化机构。1951年，为响应中共中央"抗美援朝，保家卫国"的伟大号召，县新华书店发行《美帝侵华血泪史》等图书5 000余册。从1951年12月12日《毛泽东选集》第一卷出版发行到1952年，共发行《毛泽东选集》第一卷700余册。1953年后，配合"镇压反革命运动"和"三反""五反"运动，发行《惩治反革命条例》《惩治贪污条例》等图书5 000余册、发行《政治理论汇编》4 000余册、《毛泽东选集》1—3卷3 000余册、《党在过渡时期的总路线》30 000余册、《中华人民共和国宪法》13 000余册。1955年至1956年，配合社会主义改造运动，先后发行《关于农业合作化问题的报告》、《中国农村社会主义高潮》单行本20 000余册（套）。1956年，县新华书店增设1处总店和2处分销店，职工增加到16人，设图书流动站35处。这些政治理论书籍的发行，对于开阔人民群众的政治视野、提高人民群众的政治思想觉悟、宣传党的方针政策起到了积极的促进作用。

　　1950年4月，甘南县文化馆成立。1951年后，全县陆续成立了28个业余剧团，建立了54个业余文化活动小组，3个机关、企事业文化俱乐部，37个农村文化俱乐部，先后排练并演出《汉城烽火》《刘胡兰》《保家卫国》等70多个剧目。1955年5月1日，甘南县电影放映队建立，设立了42处电影放映点，每2个月巡回放映1次。当第一场影片《解放了的中国》放映时，有些老年人看到银幕上的毛泽东时，激动地流下了热泪。1956年，甘南县电影放映总队成立，放映队增加到4个，当年放映电影143场，观看电影的人数达到8万余人（次）。1955年。为弥补电影巡回放映间隔时间长的不足，甘南县成立了幻灯放映队，全年放映幻灯片63场，观众达8 300多人（次）。1956年初，县文化馆将民间皮影艺人组织起来，成立了甘南县皮影队，利用农闲时节下乡巡回演出。

　　1950年，中共甘南县委根据中共中央关于"建立农村收音网"的指示，在县文化馆内增设城镇广播组。1952年后，采取县财政投入一点和农村自筹一点相结合的办法，陆续添置一些扩音机、电唱机、唱片、广播喇叭设备，并架设了一条10公里长的广播线路。1956年初，中共甘南县委决定正式建立甘南县广播站，由县委宣传部长兼任站长，配备1名专职副站长和3名工作人员，安装广播喇叭104只，广播事业由此得到了发展。

　　文化事业的创办与发展，使人民群众在获得经济解放的同时，受到了新思想，新文化的启迪和熏陶，满足了人民群众的文化需求。

　　（三）发展卫生事业

　　新中国成立后，中共甘南县委、县政府把发展卫生事业重点放到了改造和创建医疗机构上。1950年，甘南县政府对县立医院进行扩建，除增加部分医、护人员外，还设立了内科、外科和妇婴科，添置了一些简单的医疗器械，设置了17张病床，使其具有了现代医疗机构的雏形。1952年开始，创办了以中医为主的9所区级（乡级）卫生所，并在宝山区建立了"爱民联合诊所"，在平阳镇建立了"中西医联合诊所"。1953年3月创办了甘南县中医院，并将县内知名的民间老中医调入中医院工作。1953年，成立甘南县第一个企业职工医疗机构即甘南县运输公司卫生所。1956年，又创办了妇幼保健院和卫生防疫站。随着县直各种卫生医疗机构的设立和完善，全县初步形成了具有中西医医疗、妇幼保健和卫生防疫等职能的医疗卫生体系。截止到1954年底，全县农村联合诊所达到8个。到1956年底，全县区（乡）及主要负责村屯医疗工作的联合诊所等医疗卫生机构发展到21个，病床床位增加到59张。

医疗卫生网络的初步形成为全县开展有效的治病防病工作提供了先决条件。1950年初，中共甘南县委、县政府责成县卫生科对地方病发病情况进行调查，并就防治麻疹、卫生防疫和防治克山病等项工作发出指示，要求各医疗卫生机构切实把确保人民群众身体健康放在第一位，加强对地方病、传染病的预防、控制和治疗。1952年，甘南县成立了防疫委员会，各区设卫生助理。建立区、村卫生小组102个，城镇卫生小组1 331个。从1953年起，县区医疗机构、联合诊所和经县政府批准的个体行医者实行包片责任制。从1954年开始，甘南县卫生科为克山病重点发病区的每个行政村培训1名抢救员，首批培训抢救员50名。1955年，甘南县成立了防治克山病指挥部，并对克山病患者提供免费治疗。经过几年的努力，克山病等地方病的发病率明显降低。

从1950年起，中共甘南县委、县政府开始抓妇幼保健工作。

在农村由各区卫生所和联合诊所及各区妇联组织共同负责，重点宣传妇幼保健知识，废除旧式接生法，改造训练旧产婆，推广新式接生法，培养新法接生员，村村建立新法接生站。到1952年全县共培养新法接生员250名。1953年开始推行无痛分娩法，有效降低了产妇和新生儿的死亡率。

第三节　镇压反革命运动

1950年6月，朝鲜半岛爆发军事冲突。这时，国内一些潜伏的反动势力错误地估计形势，认为"变天"的时机已经到来，于是趁机兴风作浪，蠢蠢欲动，妄想颠覆人民民主政权。中兴区保安村反动会道门"大同佛教会"头子李某，煽动青年抗拒人民政府征集新兵，在青年中散布说"这年头兵荒马乱的，年轻人可别去当兵。共产党快要完蛋了，蒋介石当大元帅那时候就好了"。东阳区反动地主分子姜万和对当村干部的侄子说："别给共产党傻干，蒋介石快回来了。"

1950年冬，中国共产党中央委员会作出《严厉镇压反革命的决定》。中华人民共和国中央人民政府主席毛泽东于1951年2月21日发布命令，公布《中华人民共和国惩治反革命条例》。1951年3月24日，中共黑龙江省委发出《关于贯彻执行中央镇压反革命的决定的指示》。根据中央和省委的指示精神，甘南县制定了镇压反革命的行动方案。1951年5月3日，召开贯彻落实《中华人民共和国惩治反革命条例》的宣传员代表会议，之后组织县、区、村三级干部、小学教师1 000多人的宣传队伍，深入城乡，广泛宣传。使镇压反革命的重要意义和基本精神，达到家喻户晓，人人皆知。在此基础上，从6月初开始，全县11个区先后召开控诉、反革命分子罪行的群众大会，有4万多人参加，受到教育。宝山区林老太太控诉日本特务、伪满警尉贾时祥残害她男人林春（因林春救护抗联伤员）致死的血腥罪行。经过控诉激起了与会广大群众对特务、反革命分子的极大愤恨，一致要求严惩日本特务贾时祥，为人民报仇雪恨。

经过群众揭发检举，专案人员的内查外调，全面核实罪大恶极而又拒不坦白自首的反革命分子有15人。对这些人，全县规定统一时间，一举将他们逮捕归案。逮捕罪大恶极的反革命分子有国民党军官、日伪特务王兴邦；日伪特务、警尉贾时祥、董玉春；反革命黑军团长于永灵和外地逃入县内潜伏的罪恶多端的反革命分子于占河、邹本善等。这些民愤极大的反革命分子被逮捕归案后，县司法机关于7月13日召开有8 000余人参加的公审反革命分子大会。根据"镇压与宽大相结合"的政策，判处王兴邦、于永灵、董玉春、贾时祥等6人死刑，其他9人分别判处有期徒刑、劳动管制等。严厉打击了反革命分子的破坏活动，巩固了人民民主专政，稳定了社会秩序。

截至1951年11月末，全县共审理反革命分子35名，其中判处各类刑罚的31名（判处死刑的16名、有期徒刑的10名、管制劳动的5人）；对4名认罪态度好，罪恶不大又有立功表现的当场释放。

为巩固"镇反运动"所取得的伟大胜利，教育群众树立阶级斗争观念，把对敌斗争进行到底，全县城乡各街村均成立治安保卫委员会，形成治安网络，在监视、检举和揭发坏人坏事以及严格管制坏分子等方面，起到了重要作用。

第四节　抗美援朝，保家卫国

1950年6月25日，朝鲜战争爆发。中共中央作出"抗美援朝，保家卫国"的战略决策。毛泽东主席发出《中国人民志愿军入朝作战的命令》。甘南人民也同全国人民一道，继续发扬革命老区奉献精神，以实际行动投入到抗美援朝的伟大斗争中。

（一）发动群众，捐献飞机大炮

以美军为主的联合国军对朝鲜战争的干预，激起了甘南人民的极大愤慨，从农村到工厂，从机关到学校纷纷举行集会，强烈谴责美帝的侵略行径，并以实际行动支援朝鲜人民的正义斗争。

1951年6月，甘南县抗美援朝分会召开县直各部门、各单位负责人会议，研究部署抗美援朝工作。号召全县城乡各族人民，发扬老区革命精神和国际主义精神，大力搞好工农业生产，捐献飞机大炮，以实际行动支援抗美援朝战争，确保祖国领土安全。

在捐献"飞机大炮"运动中，全县人民发扬国际主义和爱国主义精神，踊跃捐款。甘南区平安村170户农民，捐献2 027万元（东北券），平均每户捐献12万元；大河村董长江小组一次捐献80万元。截至1951年底，全县共捐献现金152 893余万元（东北券），为支援抗美援朝做出了贡献。

（二）动员青年，参军参战

为支援抗美援朝战争，补充志愿军兵源，1950年10月31日，甘南县开始征召入朝新兵工作，并成立了新兵动员委员会，各区、村也建立了相应的组织。许多青年壮年听到动员后，踊跃报名赴朝参战，特别是广大共产党员和共青团员带头报名参军。在不到10天的时间里，全县就有920名青年报名，经过批准有348人入伍。到1951年末，全县共有1 234名青壮年志愿应征入朝参战。同时，组织赴朝民工564名，开赴战场。这些民工冒着枪林弹雨、出生入死抢救伤员，转运军需物资，为夺取抗美援朝的伟大胜利做出了应有的贡献。

（三）粉碎美国的细菌战争

1952年初，美国为挽救侵朝战争中军事上的失败，竟然不顾国际法规定和全世界人民的强烈谴责，于1月28日在朝鲜战场进行违反人道主义准则的细菌战争，并将这一灭绝人性的细菌战争扩大到中国境内。穷凶极恶的美国侵略者，不顾中国人民和世界人民的坚决反对，于3月17日到29日先后在甘南县的东阳区、平阳区、巨宝区部分村屯空投大量带菌的动物和昆虫。4月4日凌晨，巨宝区的新民、工农、民众、公议4个行政村（共有45个自然屯）的31个自然屯，在野外、院内、室内、屋顶、菜窖、水井等处，发现大批老鼠。据统计，99户人家发现老鼠717只。经东北鼠疫防治院副院长张杰番、鼠疫防治专家纪树礼、啮齿动物学家夏武平现场调查，对死鼠尸体进行解剖、化验，证实这些老鼠带有鼠疫杆菌。同时，经多方证实，这些带鼠疫病菌的老鼠确系飞机空投无疑。

美国侵略者在中国境内进行细菌战争的罪恶被证实后，中国政府一方面通过有关国际组织，向世界公开揭露和谴责美帝国主义违反国际法准则进行细菌战争的罪行，让全世界爱好和平的人民真正认清美帝的反动本质。另一方面责成省、县地方党组织和政府坚决搞好防疫工作。黑龙江省政府派副省长王梓木亲临疫区指挥防疫工作，并由甘南县长武喜平、省委宣传部宣传处长张恒轩具体负责防疫工作。为控制疫情的发展和蔓延，对巨宝区重点村屯实行交通封锁，各交通道口设卡，禁止一切人、畜和车辆通行。同时，省政府卫生部门派来大批医疗防疫人员，对疫区及个人普遍进行消毒免疫，并对巨宝区及其临近的1.6万居民予以防疫注射，有效地控制和扑灭了疫情的发生和蔓延。

1952年8月，国际科学委员会调查美国发动细菌战争调查团由瑞典、法国、英国、意大利、巴西、苏联等国家的专家学者组成东北分团，在廖承志陪同下，到甘南县巨宝区美国侵略者空投带病疫鼠的疫区现场，对公议、新民、民众3个村的最先发现疫鼠的8户农民进行调查，并对死鼠的标本和一死者（小女孩）的尸体进行解剖、化验，证实这批老鼠确系空投的带有鼠疫杆菌的小田鼠。调查团回到北京后，于8月31日举行报告会，并签署文件，向全世界宣布，美国在中国领土上进行灭绝人性的细菌战争，是无可非议的铁的事实。

这场由美帝发起的世界瞩目的细菌战争，经过黑龙江省防疫部门和甘南疫区人民近半年多时间的共同努力，除一名小女孩死亡外，没有发生更大疫情，甘南人民挫败了美帝的细菌战争，取得了最后胜利。

第五节　"三反""五反"运动

（一）"三反"运动

新中国成立后，为尽快改变"一穷二白"的面貌，中共中央于1951年向全国人民发出了"发展生产，厉行节约"的伟大号召，并提出了开展以"反贪污、反浪费、反官僚主义"为内容的"三反"运动。

甘南县根据中共中央和黑龙江省委的部署，于1951年10月制定了"三反"运动的实施方案。组成以县委书记朱寨、县长武喜平为主任、副主任的增产节约检查委员会，下设办公室，具体指导运动。10月初，召开县直机关、工厂企事业、学校等300多人参加的学习动员大会，部署全县开展"三反"运动工作。组织各级干部学习"三反"运动的文件，教育大家充分认识到资产阶级腐化堕落思想对革命队伍侵蚀的严重性和危害性，增强搞好运动的责任感和自觉性。

在学习动员，提高认识的基础上，抽调财会人员组成三个查账组，深入到粮食公司、土产公司、企业公司三个重点单位，进行查账核实。并组成外调组，推进运动向前发展。随着运动的深入，部分贪污分子开始交代自己的问题。但仍然有少数人抱有侥幸心理，企图蒙混过关。针对少数人顽固抗拒的现象，县委从党政机关和司法部门抽调干部组成"打虎队"，分别深入到县供销社、粮食公司、土产公司、百货公司、企业公司协助这些单位的职工群众开展打"虎"（指贪污分子）斗争。

1952年3月11日，中央人民政府政务院颁布《关于处理贪污、浪费及克服官僚主义错误的若干规定》，接着又发布了《中华人民共和国惩治贪污条例》。甘南县在组织处理过程中，根据查出的贪污数额和认罪态度，对贪污犯分别作出处理：受刑事处分的1人，免于刑事处罚的23人，受行政处分的20人，其余予以教育，引以为戒。

甘南县的"三反"运动，推动了增产节约运动的开展，惩治了贪污分子，挽救一批干部，加强了廉政建设，纯洁了共产党的队伍。

（二）"五反"运动

随着"三反"运动的深入发展，明显地暴露出某些国家机关工作人员中的贪污犯罪，大多数是与不法资本家相勾结。这些资本家肆无忌惮地进行行贿、偷税漏税、盗窃国家资财、偷工减料、盗窃国家经济情报等"五毒"活动。为打退不法资本家的猖狂进攻，中共中央于1952年1月26日发出《关于在城市中限期展开大规模的坚决彻底的（五反）斗争的指示》。中共甘南县委根据中共中央的这一指示，认真地开展了"五反"运动。2月4日，甘南县委、县政府召开全县工商业者及工人、店员400人参加的动员大会。县长武喜平作动员报告，指出有些私营工商业户在经营活动中存在行贿、偷税、破坏国家财产，偷工减料、盗窃国家经济情报等不法活动，对于这些不法分子，要坚决地进行斗争，并警告不法工商业户，要老老实实地交代不法行为，争取从宽处理，要求广大职工、店员大胆地揭发检举不法工商业户的"五毒"行为。经过动员，广大群众提高了认识，揭发检举积极性很高，仅10天时间，就收到群众揭发检举信405件，并有217人主动向政府坦白交代问题。经过分析归纳，属于拉拢干部行贿的134件、盗骗国家财产8件、偷工减料43件、欺骗消费者谋取暴利33件、盗窃国家经济情报1件。

为重点打击那些拒不交代问题的顽固分子，县委、县政府抽调10多名立场坚定、政策水平较高、工作能力较强的干部，深入到重点户，逐步把运动引向深入。中共甘南县委、县政府制定了处理违法工商户五条原则："过去从宽，今后从严；多数从宽，少数从严；坦白从宽，抗拒从严；工业从宽，商业从严；普通商业从宽，投机商业从严。"对217户违法工商户进行分类处理，其中7户严重违法者，除清退违法所得外，补交税款；一般违法户，以批评教育为主，提高认识，改造思想，做一名奉公守法的经营者。

第六节　对个体农业的社会主义改造

新中国成立后，甘南县在过渡时期总路线的指引下，组织农民走互助合作的道路，把一家一户的、分散的、私有制的小农经济，逐步转变成社会主义公有制的集体经济。

（一）互助合作

甘南县民主政府在领导农业生产的过程中，根据农民以户为生产单位的实际经济状况，在生产组织形式上，注重引导农民组织各种类型的互助组，以增强抗御自然灾害的能力，提高农村社会生产力。1950年，经过县、区、村的一系列工作，在广大农民提高认识、统一思想的基础上，组织起各种类型的农业生产互助组2 528个，参加农户达14 476户，占农村总户数的76%。参加互助组的耕地面积达91.5万亩，占农村总耕地面积的73.6%。由于耕畜、农具和人力上的互相合作，从而保证了农业生产任务的顺利完成。充分显示出互助合作的优越性。

1951年9月9日，中共中央通过了《中共中央关于农业生产互助合作的决议（草案）》，要求各级党组织根据生产发展的需要和可能的条件，按照"积极发展，稳步前进"的方针和自愿互利的原则，逐步引导农民走集体化道路。甘南县委、县政府也加强了对农业生产互助合作的领导。1954年6月，中共甘南县委将办公室内设的研究组划出，成立农村工作部，具体负责农业合作化运动。是年，全县成立各类互助组3 043个，参加农户达16 500户，占总农户的85%，加上入社农户，达到90%。加入互助组的耕地118.4万亩，占总耕地面积的92.4%，加上入社土地，达到99%。

（二）建立初级农业合作社

广大农民经过几年互助合作的实践，深深感到互助组内也存在着许多不易解决的矛盾，主要是共同劳动和分散经营的矛盾；先种后种、先铲后铲、先收后收的矛盾；人马换工的矛盾。因此，互助组常常出现"春插夏散秋垮台"的现象，而兴办农业生产合作社则是解决这些矛盾较好的形式和办法。

甘南县委、县政府按照《中共中央关于农业生产互助合作的决议（草案）》和中共黑龙江省委关于"县级重点试办农业生产合作社，稳步推广"的指示精神，经过反复认真的讨论研究，确定从比较稳定的省、县模范互助组中，挑选四个互助合作基础比较好，群众思想觉悟比较高，领导骨干力量较强的互助组试办农业生产合作社。1952年3月至4月间，县、区共同派出工作组，经过细致的组织工作，建立了四个农业生产合作社，即甘南区音河村金凤斌农业生产合作社、宝山区宝山村董成农业生产合作社、平阳区中心村刘兆华农业合作社、水田区兴农村金东元（朝鲜族）农业生产合作社。四个农业生产合作社共入社78户，占全县总农户的0.4%；348人，其中党员11人、团员10人，村干部（村长在内）9人，省劳动模范2人。入社土地5 415亩，占全县总耕地面积的0.4%；入社畜力75匹（头）。经过一年试办，农业生产合作社体现出了极大的优越性：一是合理使用土地、人力、畜力，发挥生产效能；二是形成规模生产，提高产量；三是增强抵抗自然灾害的能力；四是增加社员收入，提高了生活水平。

1953年1月，中共甘南县委员会召开全县农业生产互助合作代表会议，传达《中共中央关于农业生产互助合作的决议（草案）》，认真贯彻"积极领导，稳步前进"的方针，以及"依靠贫农，巩固地团结中农，限制富农"的办社路线。会议以后，经县与各区充分酝酿和协商，决定除抓好现有农业生产合作社巩固提高工作外，再试办12个农业生产合作社。

1953年12月16日，中共中央正式发出《关于发展农业生产合作社的决议》。甘南县委，县政府也制定了继续进行试办农业社的计划，促进了全县兴办农业合作社热潮空前高涨。从1954年1月15日到31日，仅半个月时间就组建了38个农业社。到1955年春耕前，全县又新建83个农业合作社，全县农业合作社发展到231个社，有4 667户农民入社，占农村总户数的21.3%；入社土地达41.97万亩，占总耕地面积的29.94%。农业生产合作社发展已初具规模。

1955年7月31日，毛泽东主席在中共中央召开的省市区党委书记会议上作了《关于农业合作化问题的报告》。他认为全国农业合作化高潮已经来到，要求全国各级党组织全面规划，加强领导，迅速实现农业合作化。中共黑龙江省委也于1955年9月24日颁发了《全省农业合作规划纲要》，给各县确定了三年（1955年、1956年、1957年）实现农村合作化的进度表。为贯彻中共中央和省委指示精神，甘南县委从8月12日开始，相继召开县委扩大会议、县区村三级干部会议。之后，各区先后召开党员（扩大）会议，在全县范围内普遍开展了农业合作化宣传教育活动，培训骨干4 756人，全面开展了农业合作化建设工作。在整个建设过程中，贫农和下中农表现最积极、最活跃，成为合作化的骨干力量。在贫下中农的带动下，仅用三个月的时间，全县各区、村普遍实现了农业合作化。

（三）完成社会主义性质的农业合作化

1955年秋，在初级农业合作社普遍建立的同时，县委、县政府根据黑龙江省委关于"区级试办高级农业社"和"初级社转高级社"的要求精神，经与各区反复研究，决定试办41个高级社。试点工作组从1955年10月15日至30日，深入到兴隆泉区新发村五十户屯进行初级社转高级社的试点工作，探索和总结经验，全面进行推广。截至1955年12月22日，全县首批41个高级农业生产合作社全部建设完成。

1956年1月16日至19日，中共甘南县委于召开初级社转高级社的三级干部会议，总结建立高级社的经验，进一步研究完善转高级社的政策和方法步骤等问题。经会议讨论决定：除平阳区3个初级社和太平山2个初级社暂不转高级社外，其余所有的初级社全部转入高级社。至1956年春节，全县共建立136个高级社，入高级社的农户达2.2万户，占全县农村总户数的98%。1956年春，国家下达给甘南县移民垦荒建村任务，从山东省临沂地区迁入移民22 354人，由国家无偿投资建90个新村，即90个高级农业社。这样，全县共有226个高级社和5个初级社。

个体农业社会主义改造的完成，是一个伟大而深刻的历史变革。广大农民群众逐渐摆脱了小农经济的束缚，走上了社会主义康庄大道。据调查，全县互助组的亩单产量比单干户的亩单产量增加26.5%；而农业生产合作社的亩单产量又超过互助组的亩单产量。1956年，全县226个高级社、5个初级社，播种农作物188.7万亩，虽然遭到多种自然灾害，但粮豆薯总产仍达13.6万吨，平均亩产达161斤，为甘南县历史上较好水平。

第七节　对个体手工业的社会主义改造

（一）手工业在全县人民生产生活中的地位和作用

甘南县手工业是随着县内人口的增加和农业生产的发展而发展起来的，到新中国成立时，已有将近50年的历史。到1951年，甘南县内有手工业269家，基本上可分两大类型：第一类主要为农业生产服务，其行业有铁匠炉、铧炉、木匠铺、皮铺、麻绳铺，制造车辆、犁铧、锄头、镰、铡刀以及车马挽具等近百余种产品，供应全县农村需要。第二类属于为群众生活服务的，有成衣铺、粮油加工铺、粉坊、豆腐坊，以及鞋帽、乌拉、糕点、酱醋等加工铺，其产品主要是供应全县人民生活需要。当时手工业是个体作坊，其生产季节性较强，忙时雇一两名工人，没活干则解雇。设备简陋，资金不足，生产技术工艺落后。

1953年初，根据发展农业的需要，对全县铁、木、皮行业给予分期贷款，解决购置原料的资金不足。同时，在税收政策上，也根据"工轻于商，区别对待"的方针，给予个体手工业优惠照顾。在生产上，本着"统筹兼顾，适当安排"的方针，通过加工订货安排生产。1953年国营甘南百货公司与服装业加工订货预付加工费8 787元，国营甘南粮食公司委托个体粮米加工铺加工粮米预付6 659元；县供销社联合社向个体麻绳铺、柳罐铺、铧炉等行业加工订货预付4 041元。有力地扶持手工业的发展。

但是，手工业者既是劳动者，又是私有经营者，存在生产场所简陋，生产方式分散、落后，以及追求利润等许多弱点。在社会主义时期，必须对手工业进行社会主义改造，引导手工业者走上社会主义道路。

（二）手工业生产合作社的发展

1952年，中共甘南县委、县政府决定，在县供销社联合社内设置职能机构——生产管理科，负责对个体手工业者的教育管理，把手工业掌握在国营经济领导之下。通过成立"手工业劳动者协会"等组织，把手工业者组织起来。使他们自觉地接受社会主义改造，走合作化道路。从1952年初到1954年2月，全县共建起手工业生产合作社7个，其中铁业社2个、木业社4个、皮革社1个，入社社员124人，拥有资金8.2万元。1953年手工业生产合作社生产总值达31.5万元，占全县工业总产值的2%。7个手工业社的公共积累达6.3万元。

1954年3月，甘南县委、县政府在甘南镇召开全县手工业生产合作社暨手工业者代表会议，学习中华全国总社召开的第三次全国手工业生产合作会议精神。根据会议提出的"巩固提高老社，积极地、有计划地、有领导地、有重点地发展新社，逐步试办、分批建立生产小组，供销合作社普遍搞好必要行业的加工订货与产销合同"的方针，先后办起服装生产合作社，铁业、钢砂、编织等生产小组。到1954年底，全县组织手工业生产合作社8个，生产小组3个，社（组）员发展到271人，占全县手工业从业人员总数的31%。合作社及小组年生产总值达51.4万元，占整个手工业生产总值的近50%。

为加强对手工业社会主义改造的领导，1954年春，将县供销联合社的生产管理科划出，成立"手工业生产联合社筹备处"，具体领导手工业生产。经过一年多的筹备，于1955年7月召开甘南县第一次手工业生产合作社社员代表大会，成立甘南县手工业生产联社。手工业联社成立后，积极领导全县手工业者学习中国共产党的过渡时期总路线、总任务，使广大手工业者认识到，只有走合作化的道路，才有手工业者的光明前途。

（三）手工业合作化高潮及全行业社会主义改造的实现

1955年冬至1956年初，在全国手工业社会主义改造高潮的影响下，甘南县手工业者自愿组织起来走合作化道路的热情普遍高涨，各行各业的手工业从业人员自动串联，积极主动向手工业管理部门申请组织起来，走合作化道路。1956年1月，全县建立手工业合作社23个，其中铁业社5个，木业社7个，被服社5个，皮革、编织、造纸、薄铁、窑业、食品加工等各1个，入社社员829人，占从业人员总数的98%。全县实现全行业合作化。

　　手工业生产合作社实行生产资料集体所有，克服了个体经营人力分散、资金不足等各种困难，在生产上显示出生产要素合理配置的优越性。在增强经济力量、扩大再生产、提高产品质量、降低成本方面，充分发挥了集体经济的优势。1952年人均创产值1 050元，1956年达到2 517元，增长1.5倍。随着生产的发展，效益的提高，生产条件也不断改善。1955年，全县手工业生产合作社增置柴油机、瓦斯机、蒸汽机、旋床、压光机等多种新型设备，手工业技术力量和生产能力得到很大加强。1952年仅有几名技术工人，1956年增加到54名。这些技术人员在改造旧设备，改革工具，提高生产技术水平，实现生产工艺流程半机械化等方面，起到了骨干作用。手工业产品品种明显增多。1952年全县手工业产品有37个品种，1956年发展到216个品种。1956年，全县手工业生产合作社实现工业总产值193.8万元，比1952年6万元增长31倍。

　　手工业合作化后，在发展生产、提高劳动效率的同时，增加了社员的劳动收入。入社前，每人平均收入250元，入社后提高到500元，增长1倍。同时，社员普遍实行公费医疗制度，老弱病残等享受福利待遇，工人们不再为不得温饱而担忧。

第八节　对私营工商业的社会主义改造

（一）贯彻"利用、限制、改造"的方针

　　在新中国成立初期的三年经济恢复时期，财政经济处于困难阶段，资本主义势力内外勾结，进行资本主义投机活动，甘南县内一些私营工商业者纷纷抢购物资，囤积居奇，破坏金融秩序和物价稳定，给市场和人民经济生活造成紊乱。

为巩固新生的无产阶级政权，打退资产阶级的猖狂进攻，1951年在党政机关内部开展了"反贪污、反浪费和反官僚主义"的"三反"运动。1952年在私营工商业中开展"反行贿、反偷税漏税、反偷工减料，反盗窃国家财产、反盗窃国家经济情报"的"五反"运动。经过"三反""五反"运动，广大工商业者受到深刻教育，他们认清了社会主义光明前途，主动向国营经济靠拢，接受国家领导，为社会主义改造打下思想基础。

甘南县私营工商业的特点是规模小，资金少，多数属于小商小贩，经营比较分散。除县城外，另有东阳、平阳、宝山、查哈阳4个集镇分布私营工商业。1953年，甘南县改组工商会，成立工商业联合会。4个集镇成立工商组，由工商联直接领导。私营商业虽然经过"五反"，但伪造假账、开大头小尾发货票、设假户头、隐瞒营业额、抬高物价、偷税漏税等现象仍然存在。经检查130个商品品种，超过合理利润1至3倍的有26个品种。饮食业短斤少两问题也不断发生。针对这些问题，甘南县采取有效的行政和经济手段加以控制，使私营商业在经营上逐步趋于好转。

（二）私营工业的社会主义改造

1952年，甘南县仅有私营工业1家，即"东文印刷局"，有职员和工人7人。1956年1月1日，在全国社会主义改造高潮中，经业主申请要求，经批准转为"公私合营甘南印刷厂"，职工增加到32人，国家派进公方厂长，加强企业的经营管理。合营前，这个厂只能承担印刷各类账簿、文件和报纸等。合营后，政府投资，增添设备，增加人员，生产规模不断扩大，产量、品种、产值大量增加。1956年底实现产值7.4万元，比1955年提高1.4倍。

（三）私营商业社会主义改造的完成

1955年，甘南县私营商业的社会主义改造加快了步伐，中共甘南县委、县人民委员会（1955年县人民政府改为县人民委员会）抽调干部配合县工商联组成工作队，在东阳试点，将4家经营百货业的个体户组成合作商店。在取得经验的基础上，相继将平阳、查哈阳两集镇的私营商业分别组成百货、食品合作商店，入店从业人员11人。同时，将1户百货业转为供销社的代销店。1955年8月始，组织县城96户私营商业（包括饮食服务业）的141名从业人员分批学习，进行社会主义教育。将26户百货业组成和平百货合作商店；29户副食业组成建华合作商店；7户药业组成新建合作药店；7户饭馆组成合作饭店；8户车旅店组成胜利合作车旅店；19户小商贩改为国营商业经销、代销店；5户镶牙、刻字、照相等服务业组成照相、镶牙、刻字合作小组；2户理发组成合作理发小组。通过合作组织形式，并用"赎买"的办法逐步把私营商业改造成为社会主义公有制，使之成为社会主义经济的组成部分。

第九节　国合商业的发展

（一）国营商业的扩大与发展

新中国成立后，根据工农业生产发展的需要，甘南县重点抓了商业经销网点的扩建工作。1950年7月，县政府决定在县贸易公司及其下属零售商店、土产收购部的基础上，增设百货公司、土产公司和粮食公司。各公司都在县城设立门市部或商店。同时，由县财政投资在县城和东阳镇各建一家工薪商店。到1956年，全县国营商业机构网点达24家，职工1 433名，分别比1950年增长3倍和2.2倍。国营商业的迅速扩大与发展，从根本上改变了社会商品销售额的比重。到1956年，国营商业和合作商业所占比重从1950年的53.50%增加到96.82%，个体商业仅占3.18%。国营商业网点的延伸，占领了社会主义市场，起到了平抑物价、稳定市场、稳定人民生活的作用。

新中国建立初期，甘南县为保证市场供应，首先把立足点放在大中城市，特别是在沈阳、哈尔滨、北京、天津等工业品重点产区设驻在员，负责组织进货。同时，还组织一支机动队，从事流动采购。他们奔波于全国各地，及时把各类花色品种的商品组织进甘南市场，满足人民消费的需要。同时，积极开辟地方工业产品销售渠道。县政府主持衔接工商关系，定期召开工商座谈会，研究提高产品质量、降低成本和面向市场需要、面向生产搞好服务的问题。1953年，县政府组织国营商业部门同地方工业双方签订服装、鞋帽等加工销售合同。同时，商业部门还积极外联推销县内工业产品。这样，既保证了县内商品市场需要，又促进地方工业的发展。1956年地方工业产值比1950年增加15.9倍。另外，积极采购农副产品，运销到大中城市，支援工业建设和城市居民的需要；把购进的日用工业品运往农村销售，满足农民生产、生活需要。

在商品购销经营活动中，全县国营商业围绕国民经济恢复和发展这个中心，坚持社会主义经营方向，起到"后勤部"作用。由于坚持社会主义经营方向，国营商业得到较快的发展。1956年同1950年相比，商品销售额增长16.9倍，利税增长7.6倍。

（二）供销合作商业

新中国成立后，甘南县人民群众入股兴办供销合作社的积极性更加高涨。到1950年末，县内办供销社达51个，入股社员4.9万人，拥有资金7万余元。至此，全县城乡基本形成县、区、村三级供销合作商业网络，供销社网点遍布城乡，基本上占领了整个农村市场，成为国营商业的有力助手。1953年，通过供销合作社收购的农副产品占全县收购总额的86.5%，推销的工业品占销售总额的70%以上。到1956年，合作商业基本完全控制了农村市场，实行社会主义商品流通，维护了农民利益。广大农民满意地说："过去投机商到农村沿街叫卖，质次价高，我们总是吃亏。如今有了供销合作社，公买公卖，价格合理，我们农民信得过。"

乡村供销合作社在农业合作化运动中，把购销活动建立在发展生产的基础上。从1952年开始，各供销社开展了同农业社（组）签订代购代销合同的业务，当年为国家代购粮食5 000吨，第二年又代购3.8万吨。对其他农副产品也采取了预购合同的办法。这样既方便农民交售，又促进了生产发展。在农村商品供应上，各供销社急农业之所急，帮农业之所需，按农时季节及时组织货源，千方百计保证农民生产、生活需要。1953年全县供销合作社商业销售额为506.2万元，比1950年增长4倍多；1956年达到1 379.5万元，比1953年增长1.7倍。

第十节　甘南向社会主义过渡的实现

1956年6月，甘南县在中国共产党和人民政府的领导下，在过渡时期总路线的指引下，基本上完成了对农业、手工业和资本主义工商业的社会主义改造。

生产资料私有制的社会主义改造基本完成以后，甘南县国民经济结构发生了根本的变化。1956年同1952年相比，全县工业生产总值中，国营工业和合作工业的比重由48.7%提高到84.5%，公私合营工业、个体手工业、私营工业由51.3%下降到15.5%。商品零售额中，国营商业和供销合作社商业由75.6%上升到93.82%，公私合营、合作商业由零上升到5.09%，私营商业由24.4%下降到

1.09%。全县农村98%以上的农户加入了高级农业生产合作社。这些事实表明，几千年来以生产资料私有制为基础的阶级剥削制度已经被消灭，以生产资料公有制为基础的社会主义制度已经建立起来，作为老区的甘南县同全国一样迈步走在社会主义康庄大道上。"三大改造"的胜利，调动了广大群众的社会主义积极性，巩固了人民民主专政，解放和发展了社会生产力。1956年，全县工业总产值达到404万元，比1952年增长2.2倍；社会商品零售额达2 174万元，比1952年增长2.3倍；职工工资总额达276.6万元，年人均工资504元，比1952年增长61.5%；全县农业总产值达1 754万元，比1952年增长2.3%；粮豆薯总产达2.9亿斤，比1952年增长11.6%；畜牧业总产值300万元，比1952年增长1.5倍；马匹、绵羊、生猪存栏都有较大增长；植树造林7 740亩，比1952年增长1倍。

同时，随着国民经济结构的转变，全县的文化、教育、卫生、体育等社会事业，都赋予了社会主义精神风采，迅速健康地发展起来。革命老区甘南在社会主义宽广的道路上，迈开了矫健而坚定的前进步伐。

第五章　社会主义建设在曲折中前进

　　1956年至1965年，是甘南县进行全面社会主义建设的十年。在这十年中虽然历经曲折，仍然取得很大成绩。甘南县在省委、省政府的领导下，团结一心，为克服暂时的经济困难进行了艰苦卓绝的斗争。认真贯彻了国家"调整、巩固、充实、提高"的八字方针，对全县经济进行调整，到1965年全县国民经济全面好转。

第一节　整风运动与反右派斗争

（一）整风运动

　　1957年，我国在完成对生产资料私有制的社会主义改造后，开始转入了全面的大规模的社会主义建设新时期。为了取得社会主义建设的新胜利，1957年4月27日，中共中央在党内发出了《关于整风运动的指示》。

　　中共甘南县委根据中央、省、地委的指示精神，于1957年11月5日召开县委常委会议，成立了整风运动领导小组，研究制定了开展整风运动工作方案。这次会议上，县委常委领导们深刻分析了全县各级党组织和全体共产党员的状况，认识到党中央决定开展全党整风运动是非常必要的、及时的。

县委在整风运动中，把整改当作一个重要环节来抓。在农村主要抓了巩固"粮食统购统销""以农业合作化为中心的整党整社"；在县直各部门则侧重抓住克服官僚主义、宗派主义和主观主义，加强同人民群众联系，增强为人民服务的责任感。1958年7月24日，县委根据中共黑龙江省委"关于下放干部进行劳动锻炼的指示"精神，制定了干部下放劳动锻炼的规划。从县委、县人委的领导成员做起，直到一般干部都有计划地分期分批到工厂、农村蹲点，参加劳动。下放干部同工人、农民同吃、同住、同劳动，交知心朋友，调查研究，虚心听取工农群众对党组织和政府的意见。在劳动锻炼过程中，提高思想，锤炼党性，改进作风，提高工作能力和执政水平。

整风运动促进了经济建设发展，农村广大基层干部的作风得到了改进，兢兢业业地带领农民群众发展生产。1957年，在遇到低温夏涝等多种自然灾害的情况下，粮食仍获得了较好收成。工商企业中的党组织和党员干部，带领广大职工发展生产、搞好经营，全县工业生产和商品流通都有较大增长。1957年全县工业总产值达464万元，比1952年增长6.5%；国营商品零售额达525.6万元，比1952年增长2.6倍。

（二）反右派斗争

在开展整风的过程中，极少数右派分子错误估计了形势，趁机发动了进攻，掀起了一股反党反社会主义的思潮，使整风出现了异常复杂的情况，中共中央发出组织力量反击右派分子进攻的党内指示。

根据中央、省委的一系列指示，甘南县委适时开展了反右派斗争。在整风运动中，县直机关、企事业单位和学校中的共产党员、共青团员、干部、职工群众，针对各级党组织的个别领导干部，在工作中存在的官僚主义、宗派主义和主观主义的缺点和错误提出了中肯的批评。

甘南县的整风和反右派斗争，经历了思想动员、大鸣大放、反击右派斗争、思想建设等阶段，于1959年2月全部结束。

第二节　农业大生产与人民公社的建立

（一）农业生产十年规划

1957年冬季，甘南县委发动和组织全县广大农民日夜奋战，掀起了一个以兴修水利、养猪积肥和改良土壤为中心的冬季农业生产高潮。1958年1月中旬，县委、县人委召开了全县农业积极分子大会，会议上通过大辩论的方式，讨论了旱田改水田的好处，通过了《甘南县农业十年规划》。这次会议结束后，全县立即掀起了水利建设高潮。到1958年2月上旬，完成小型水库1座、上水河6条、水井146眼、土方35万立方米，占计划的55.6%。

1958年5月，中国共产党在北京召开八大二次会议。会议根据毛泽东主席的建议，通过了"鼓足干劲、力争上游、多快好省地建设社会主义"的总路线。甘南县委，县人委以总路线精神为指针，重新讨论修订了年初全县农业积极分子大会通过的《甘南县农业十年规划》，确定多快好省地把甘南农业发展起来，迅速改变穷困落后的面貌。进入6月份，全县出现了严重的旱情。6月25日，县委、县人委在四方山召开全县抗旱现场会议，动员全县各级党组织带领广大干部群众，鼓足干劲、力争上游、多快好省地建设社会主义。会议结束后，太平山乡马上行动起来。他们组织300余人奋战一夜，挖出1条引水渠，将黄蒿沟的水引流到农田，缓解了旱情。

在水利建设中，甘南县人民委员会贯彻国家提出的"蓄、小、群"水利建设方针，采取农忙农闲相结合、常年兴修水利的办法，大搞农田水利建设。截至1958年9月末，全县参加水利建设的人工达223万个，完成土治涝工程171万立方米、堤防工程3.1万立方米、水土保持工程394万立方米、引水工程120万立方米、田间工程11.6万立方米、水库工程170万立方米。

在大搞农田水利建设的同时，甘南县掀起了大搞技术革新和技术革命的群众运动。县人民委员会成立了技术革命委员会，各厂（社）成立了技术革命小组。广大厂（社）干部和职工解放思想，转变观念，人人争当技术革新和技术革命的闯将。到1958年12月，全县改革成功了大小带子锯、刮料机、磨刀机、吹风机、弹簧锤、草袋编织机、轧口机、卷边机、下料机、和面机等工具达200余种、430余件。县城内的木业、铁业等行业的主要工序实现了生产机械化。编织、炼铁、皮革、食品等行业实现了半机械化生产。1960年，全县提出技术革新合理化建议4.4万条，77.2%的建议被采纳，试制了自动筛子、电动运输车、打浆机等54类、350余台件设备。

在"大跃进"的推动下，县人民委员会成立了"民办工业办公室"，组织城乡大办工业，全县10个人民公社都掀起了兴办工厂的热潮。到1959年12月中旬，全县各类工厂发展到953处。在这些工厂企业中，人民公社经营的235处，管理区经营的718处。1960年，县工业主管部门扩建了陶瓷厂、玻璃厂，新建了三钾、纸浆、水胶、纺织、人造纤维、玩具、文具、土碱、服装等40个行业、382个小型工厂，增加新产品氯化钾、电瓷瓶、宣纸、尿素、香皂及各种农具上百余种。

（二）组建人民公社

1958年8月初，毛泽东主席视察了河南、山东，并提出"还是办人民公社好"，指出公社的好处可以把工农商学兵合在一起，这样能够便于领导。

中共甘南县委根据省委、地委的指示精神，先在平阳乡和甘南镇开展建立"人民公社"的试点。在乡镇党委和试点工作组的共同努力下，经过土地调整、合并农业生产合作社等一系列工作，于1958年8月22日，平阳乡"东方红"人民公社和甘南镇"红旗"人民公社宣告成立。在取得试点经验的基础上，县委于8月26日作出了大办人民公社的规划。

从9月7日至15日，各乡相继召开成立人民公社庆祝大会。在高级农业合作社的基础上，全县23个乡（镇）、225个高级农业生产合作社组建成10个农村人民公社；分别为中兴、长山、红旗、音河、长吉岗、兴隆、宝山、东阳、平阳（东方红）、巨宝人民公社。入社农户达31 357户、132 687人，占农业户和人口的99%以上。

1961年以后，全县各公社区划有所变动，有的合并，有的分置，到1963年基本定型未再作变动。至此，甘南县共有12个人民公社，即甘南镇、红旗、兴隆、音河、宝山、长吉岗、平阳、查哈阳、东阳、巨宝、长山、中兴人民公社，另有一个公社级的种畜场（地方国营）。

（三）大办水利化

1958年12月，县人民委员会根据全国、全省形势的发展，提出了"全县总动员，战胜地冻和大寒，大干苦干一百天，明年三月闯过水利关"的口号，进行了大办水利化的工作部署。12月5日，县人委在红旗人民公社召开全县水利现场会，通过广播向全县人民发出了"大办水利化"的号召。会后，各公社立即行动起来，仅5、6两日，参加水利会战就达4 000多人。到了7日这一天猛增到上万人。

在大办水利化会战中，最引人注目的就是音河水库建设工程。音河水库位于甘南县城西北4公里处，于1958年开始修建。1958年2月，县人民委员会成立了音河水库修建指挥部，随之开始了设计和施工前的准备。调集民工达3 000余人，4月7日举行开工典礼，正式破土动工，于9月16日合龙。鉴于水库工程量仍然很大，甘南县力量有限，1960年冬改由省水利厅第一工程局（后改为第一工程处）施工，并重新制订了整修加固方案和近期工程设计，为第一期工程。1963年3月按近期规模完成第一期工程。坝高为17.5米，总库容1.79亿立方米，完成土石方189.1万立方米，投工193万个工日，国家投资926万元。音河水库的兴建，对县内防洪、灌溉起到了一定的作用。

1959年，全县在打场送粮的同时，又掀起了一场冬季水利大会战。投工4万人，完成土方344万立方米，建成小型水库5座，打井85眼，修筑主、支干线27条。

第三节　国民经济调整

1960年10月，中共中央开始部署整风整社，以肃清五风：即"共产"风、浮夸风、强迫命令风、生产瞎指挥风和干部特殊化风。11月，中共中央正式发出了《关于农村人民公社当前政策问题的紧急指示信》，开始郑重地、系统地提出纠正五风、整风整社任务。中共甘南县委接到中央《紧急指示信》后，召开了县委常委会议，学习文件，研究肃清"五风"，搞好整风整社工作。1961年2月28日，县委、县人委召开了县、社、区、队四级干部会议，主题是揭露和纠正"五风"，整风整社。

经过调整，到1962年末，全县工业企业由1960年的126家减少到80家，其中集体所有制企业62家。这为1963年以后工业企业的继续巩固和提高，打下了坚实的基础。

1962年10月30日，中共甘南县委根据省、地委的部署，连续召开了常委会和常委扩大会议，传达贯彻中共中央"调整、巩固、充实、提高"的方针，1962年全县粮食总产量达7 000万公斤，比1961年增长75%；征购粮食完成3 000万公斤，比上年有所提高。大牲畜有所增加。农村社会生产力得到了较快地恢复和发展。

1963—1964年，甘南县委根据中央决定，在农村进行以"四清"（清账目、清仓库、清财务、清公分）为主要内容的社会主义教育运动，在城市开展"五反"（反对贪污盗窃、反对投机倒把、反对铺张浪费、反对分散主义、反对官僚主义）运动，促进了社队生产经营管理工作的提高。

县委、县人委按照省委、地委指示精神，继续认真贯彻执行国民经济调整方针，在全县范围内扎扎实实的进行经济调整工作。1963年起的三年间，全县人民发扬自力更生、奋发图强、艰苦创业的精神，在各条战线上开展了社会主义教育和经济调整工作。

在农村工作中，组织各行各业支援农业，取得了农业生产的较快发展。1963年以来，粮食生产连续三年获得较好收成。全县1963年至1965年三年粮豆薯总产达27.35万吨，平均比1962年增长36.7%。其中，1965年在遭受严重自然灾害的情况下，粮豆薯总产仍然达到8.95万吨，比1962年增长35.8%。农田基本建设有了新发展。三年间，全县治理山丘地6个、修水平梯田225亩、修过渡式梯田1 000余亩、挖截水沟1.5万延长米。在长山、东阳、巨宝公社等涝区开展了大规模的群众性的治涝工作。完成治涝工程150多万方，控制内涝面积达25.5万亩。为了促进旱区农业粮食增产增收，全县10人民公社完成旱灌工程土方110万多方，灌溉旱田10万余亩。林业生产得到稳步实施。三年间，全县共造林11万余亩，相当于1945年至1962年造林总面积的1倍。新造农防林面积占全县造林总面积的71%。5条主要公路全部造上护路林，623个自然屯基本上实现了村屯绿化。农村多种经营生产有了很大发展。三年间，全县多种经营总值达981万元，农村人均副业产值达55元，占三年农业总收入的20.7%。畜牧业的恢复和发展也较迅速，到1965年底，马匹存栏达2.5万匹，比1962年增长49%；生猪存栏6.5万头，增长73.2%。牲畜品种不断得到改良，畜产品也大量增加。农村机械化、电气化水平不断提高。到1965年底，全县机械化作业面积达28%，非田间机械化作业达60%左右。60%的社队实现了照明电气化。农村输电线路和供电量都有较大增加。

在工业战线上，开展了技术革新和技术革命运动，产品质量和产品品种有所提高和增加。到1965年底，工业总产值达1 002.7万元，比1962年增长33.3%。交通运输业发展较快，到1965年底，全县已修通公路392公里，各公社都通了客运班车。三年间，公路货物运输量达32.3万吨，平均比1962年增长1.8%。通讯事业不断发展，1965年底，各生产大队都安装了电话，方便了城乡的工作联系。

在财贸工作上，加强了对农村生产、生活资料的供应和农副产品的收购。三年间，对农村商品的供应总额达到3 312万元，平均比1962年增长12.1%；农副产品收购总额实现4 191万元，比1962年增长26.9%。财贸、金融部门通过大力组织收入，节约支出，保证了农业生产资金的需要，促进了工农业生产的发展。三年间，共发放扶贫投资34万元。发放农业贷款227万元，平均比1962年增长50.4%。

三年的国民经济调整，全县的科技、教育、文化、卫生、体育等社会事业也得到了较快发展。市场物资供应不断好转，物价稳中有降，广大人民生活有了很大改善。三年间，农村人均年收入和职工工资也有相应地提高。1965年全县城乡居民购买力比1962年增长9.1%。

第四节　国合商业的发展

（一）社会主义国营商业的发展

随着经济建设的发展和人口的增加，作为连接城乡生产与消费纽带的国营商业，也随之有了扩大和发展。1958年，县里成立了"大购大销指挥部"，并将商业、服务、供销三个机构合并，实行政企合一。国营公司改为采购供应站，一些基层企业下放给农村人民公社管理。

为活跃城乡市场，发展经济，县国营商业系统组织二三类物资交流，大力开展购销活动，基本保证了供给。在扩大工业品流通的同时，商业部门还努力扩大农副产品采购，以供应副食品市场。1962年，生猪收购改由商业食品公司经营与委托供销社代购。国家对农民交售生猪实行派养派购政策和奖售措施，鼓励农民多养猪，交售好猪。1958年到1960年对家禽收购也采取了按交售数量计补土粮的办法，1962年以后又采取了奖售办法，基本保证了城镇居民的消费。

全县国营商业在发展过程中，不断地加强了企业管理。三级批发和零售商店贯彻经济核算制，开展清产核资。县商业主管部门定期派人深入批零企业，进行经营管理整顿，开展清库查账、清产核资工作，处理残次积压商品，压缩库存。同时建立健全了各项规章制度，实行经济核算，达到账账相符、账货相符，促进企业经营走上正常轨道。县商业主管部门还针对企业中存在的不良现象，及时开展了反贪污、反盗窃、反对损失浪费的"三反"运动。经过学习和教育，广大干部职工明确了国营商业在国民经济中的地位和作用，树立起坚定不移地为生产、为人民生活服务的思想。在"三反"运动中，对骄傲自满、故步自封、争名夺利、追求个人享受、处处事事为个人打算的资产阶级个人主义思想进行了批判。对贪污、盗窃和损失浪费严重者进行了必要的处罚。

1957年至1965年期间，商业企业常年开展增产节约运动和社会主义劳动竞赛。广大商业职工人人精打细算，从流转环节中查找原因，制定措施，堵塞漏洞，努力降低费用开支。1965年，全县商业系统在社会主义劳动竞赛中组织职工开展了岗位大练兵、技术表演等活动，店与店、组与组、人与人之间都开展了互比互赛活动，创造了优异成绩，提高了业务技能。

（二）合作商业的发展

1961年8月，甘南县委根据《农村人民公社工作系列修正草案》精神，进一步加强了对农村供销社的领导，并恢复监理会、社员代表大会、民主管理监督委员会等行之有效的民主管理制度。

县供销合作联合社狠抓了基层社的建立，采取以公社建社、联队建社、分场建社等三种形式，发展基层社，取得了良好效果，由原来的13个基层社，发展到35个社、78个供销部、9个办事处。全县供销合作社系统职工由原来的573名增加到708名。县供销联社在全系统进行了"思想、组织、业务、制度"四大建设，处理遗留经济问题，加强了经营管理，改变了官商作风，活跃了购销业务。

供销合作联合社坚持扶持农业生产发展的服务宗旨，做好对农村和农民生产、生活的物资供应。到1963年，县生产资料部门经营的农用物资达150种，当年供应农村钢材8吨、生铁51吨、小农具7万件、工具21万件、化肥农药40吨。调剂饲草4 200吨，耕畜300匹（头）。1964年，国民经济开始好转，商品货源日渐丰富。县内组织了二三类物资交流，面向农村销售。1965年，县供销合作商业商品零售额达120.6万元，比1 957增长2倍多。十年间，全县供销合作商业战线全体干部职工，克服了重重困难，千方百计搞好经营，为支援农业生产、支援国家社会主义建设做出了应有贡献。

第五节　社会事业的发展

（一）文化事业不断繁荣

新中国成立以来，甘南县委、县政府在领导全县人民发展生产、繁荣经济的同时，认真贯彻"双百"方针，不断推进文化事业的发展。到1959年，全县10个人民公社、174个管理区、891个生产队都建立了文化组织。

县文化部门积极培养业余文化骨干，先后举办了5期训练班，培训了70余名群众骨干，充实了美术、音乐和演员的队伍，为更好地繁荣群众文艺奠定了扎实的基础。1963年，县内巡回电影放映队发展到6个。放映队积极配合农村社会主义教育，深入到农村放映电影1 370场，观众达62.4万人，人均年看电影3至5次。图书发行网点不断扩大和延伸，1965年发行图书达70余万册，其中发行到农村50余万册。图书馆藏书量也有增加，群众性图书阅读活动有所发展，年借阅册数达4万余册。

　　评剧艺术有了提高和发展。1959年以来，甘南县评剧团编创和演出了《革命一家》《青春之歌》《母亲》《刘介梅》等现代剧目，并排演了一些传统古装剧目，受到了广大评剧爱好者的好评。1964年，为配合城乡社会主义教育，评剧团深入到农村演出时装新戏216场，观众达4万多人次。1965年评剧团改称甘南县文工团，开始走"乌兰牧骑"道路，走村串屯，送戏上门。1964年至1965年期间，文工团白编自演了《斗旱魔》《钢人铁马》《迎春曲》等现代戏，歌颂了农村的大好形势和贫下中农坚定走社会主义道路，巩固人民公社集体经济的英椎人物。

　　这一时期，全县的文艺创作活动也出现了生动的局面，创作了大批歌颂时代主旋律的文学艺术作品。1959年，在开展全民性的文艺创作活动中，专业作者和业余作者共创作出各类文艺作品3 000余件，其中，很多文学、音乐作品在省、地刊物上发表和获奖。甘南中学音乐教师叶英编导的《音河水库大联唱》，演出后受到各界好评，对推进音河水库的工程建设，起到了很大的鼓舞作用。这部音乐作品参加嫩江地区文艺会演，荣获了创作和表演优秀奖。美术创作也喜获丰收。1957年黑龙江省举办民间剪纸艺术展览，甘南县刘宽的剪纸作品《鱼》《猫》参加了展出，获最佳作品奖。1962年，克山、泰来、龙江、甘南四县美术联展，甘南选出20幅美术、书法作品参加为期15天的流动展出，效果很好。为以后全县美术、书法创作发展打下了基础。

　　农村文化生活也比较活跃。12个人民公社都设有文化站，每个村都设有文化室。通过排练演出文艺节目，组织社员群众读报、唱革命歌曲、讲革命故事、学文化、学科学，宣传党和人民政府的方针、政策，团结和鼓舞人民来为革命事业目标而奋斗。牢固地占领了农村思想宣传文化阵地。

（二）教育事业取得进步

随着社会主义建设的深入发展，全县各类教育都有了新发展。幼儿教育起步较快。1956年，县人委在县城建立起第一所幼儿园，到1959年底，全县幼儿园发展到202处、入园幼儿2 040名。到1965年底，县城又相继建起邮电、商业、橡胶厂、水泵厂等机关企事业幼儿园和幼儿班。

小学教育执行国家办学和集体办学相结合、全日制与半日制相结合的办学方针，取得稳步发展。1958年，全县有小学227所，在校生达1.76万人，教职工617人，全县98%以上的适龄儿童都得以入学。为切实搞好小学教育，教育行政部门多次召开小学教育现场会，观摩语文、算术及生产、劳动课。通过观摩学习、经验介绍，提高教师的教学水平和办学水平。为加强党对学校的领导，各中心小学大多数建立了党的组织，进而加强了思想政治工作和对学校的政治领导。1960年7月，甘南县成立了教师进修学校，选派了熟悉业务的负责人，配备能力较强的教师，对全县小学教职员工的教学业务提高起到了积极的推进作用。到1965年末，全县小学增加到314所，比1958年增加了87所，增长38.3%；在校学生达3.5万人，比1958年增加了1.74万人，增长近1倍；教职工1 303人，比1958年增加了686人，增长110%。

中学教育有了长足进步。1956年，甘南初级中学由省教育厅放给县管理后，改称甘南中学。后又改称为甘南县第一初级中学（1964年又改称甘南县完全中学校），于1958年8月招生，当年招收高中新生50人。1959年8月在平阳公社建立起甘南县第二初级中学；1960年8月在东阳公社建立起甘南县第三初级中学；1962年8月分别在宝山、中兴公社建立了县第四、第五初级中学；1963年8月又在县城内建立了第六初级中学（1964年改称为甘南县第一初级中学）。到1965年末，全县中学增加到7所，比

1957年增加了6所；学生达1 986人，比1957年增加1 457人，增长2倍多；教职工139人，增加了102人。

在发展普通教育的同时，积极发展了职业教育。1958年7月，根据中共中央高教四十条规划精神，县内创建了第一所高等学校——甘南大学。开设种子、水利、畜牧、土壤等专业。后因学生质量低、教学质量差等实际情况，撤销了甘南大学；在此基础上建立了农业中学。1959年，开办了7所农忙劳动，农闲学习，半耕半读的农村中等学校，在校学生203人。同年，在甘南镇、东阳公社各创建1处半工半读中学，在校生146人。在长山公社创建1所半农半读技术学校，设电机、兽医2个班，在校生60人。到1966年，全县农业中学增加到20所、53个班级、1 838名学生。"文化大革命"开始，农业中学停办，分别并入公社所在地普通中学或改称公社中学。

工农业余教育也取得一定成绩。1957年初，在县城内成立了第一所机关文化校。之后，在平阳、宝山、查哈阳等地又增设了3处业余文化校。各公社、企事业单位也加强了业余教育的领导，健全了各级业余教育委员会，采取因地制宜，灵活多样，便利职工群众的教学形式，推进全县工农业余教育向前迈进了一步。到1965年底，全县扫除文盲22.6万人，文盲率由1949年的95%下降到30%。

（三）新闻广播事业不断发展

1958年7月1日，甘南县创办了历史上第一张报纸——《甘南报》，为县委机关报。办报方针是在县委的直接领导下，以报道农业为主，其他各业为辅。报纸为8开2版，3日刊，到12月底出版了71期。1959年1月1日起改为《甘南日报》，仍为8开2版。同年7月20日因纸张不足，报纸停刊。后县委根据工作的需要，于8月份由《甘南日报》社创办出版了《甘南通讯》，版面为8开4

版。1960年3月末改为4开4版,周双刊。到1960年12月末出版了141期。以后停办了。

甘南县有线广播发展较快。1956年4月成立甘南广播站。1957年10月份,宝山公社在县内第一个建起公社广播站。当年,广播线路由甘南县延伸到音河、万发、长岭、平安、欢喜等地,广播喇叭发展到2 970只,入户率为9%。1958年购置2台国产810型录音机等设备,保证了工作需要。先后建立了东阳、平阳等8个公社广播站和太平大队等9个大队广播室。1964年县设广播事业管理科,科站合署,加强了对广播事业的领导,有力地推进了广播事业的发展。1965年,全县有11个公社广播站,广播喇叭1.4万只。131个大队、728个生产队通了广播,通播率达89%,喇叭入户率达39%。

(四)体育运动蓬勃兴旺

1958年,县人民委员会本着"发展体育运动,增强人民体质"的宗旨和普及与提高两条腿走路的方针,广泛地开展了全县性的体育活动。

1958年9月18日,在县城举行了综合性的全县体育运动大会,历时4天。比赛项目达27项之多。运动员来自各公社、机关、企事业及查哈阳、音河农场以及驻军等700余人。在男子19项田径赛中,有7项打破了1956年的纪录;开展了100米、5 000米等6项过去从未进行的项目。在女子14项田径赛中,有6项打破了1956年的纪录。同时又开展了400米、800米、标枪等8个新项目。球类比赛也都取得了很好成绩。通过这次运动大会,共选拔出国家各类等级运动员91名,选拔出篮、排、足球合乎国家等级的裁判员9名。

1959年,全县体育协会组织发展到30个、会员总数1 400人,有等级裁判员45名。这一年,开展全县性体育活动2次,参加850

人；部门系统组织4次，参加2 500人。涌现出等级运动员107名，其中：二级运动员2名、三级运动员98名、少年级运动员7名。1959年冬季，县体委组织浇冻滑冰场1处，吸引了许多成年人和青年人从事冰上活动。同年，嫩江地区组织少年冰上速滑竞赛活动，平阳公社初中一年级学生张淑清（女），在少年女子组冰上速滑比赛中被列取为第29名（全区共取30名），荣获国家体委颁发的金质奖章一枚。

1964年，县内举行田径、篮球、排球、乒乓球、射击、冰上等体育竞赛活动34次。在嫩江地区组织的全区成年男子组800米田径赛中，李锡武获得第一名，为甘南县争得了荣誉。从1965年开始，在音河水库划定了安全游泳区，每年的7月16日，都组织进行规模较大的游泳比赛活动，极大地促进了全县全民性体育运动的健康发展。

（五）卫生事业的发展与进步

新中国成立后，甘南县大力发展卫生事业，不断扩大和培训医疗技术队伍，改善医疗条件。到1965年，全县医院增加到6处、卫生所89处、防疫站1处、妇幼保健站1处，共有床位250张，西医48人、医士139人、护士74人。

中西医结合共同发展。1958年县中医院并入县人民医院，为内设中医科。采取选派医生进修、名师带徒弟等办法，培养扩大中医队伍。1960年有28名出师行医。1961年县办卫生学校1处，招收中医学员23名。1963年11月，县召开中医工作会议，有21名中医签订了师徒协定。这批人员后来都成为中医界的骨干力量。1958年12月，县选派西医师刘英林到黑龙江省中医学院离职进修3年，成为县内第一个中西医结合的医师。当时，西医也普遍学习中医理论，搜集整理中医验方和秘方，对疑难病症经常开展中西医会诊。中西医结合已全面普及到临床应用。

妇幼保健工作普遍展开。1959年，县卫生主管部门组织、指导在农村生产队建立妇幼保健室649处，培训接生员280余名，城乡实行新法接生达98%以上。1965年县妇幼保健站业务独立，配有医生2名，负责全县妇幼保健技术指导工作。妇幼保健站积极开展防治妇女病和儿童保健工作，训练428名接生员，装备了360个产包，组建了42处接生站，普遍实行新法接生。新生儿破伤风和产妇产褥热疾病基本为零。同时开展了节育手术。

防疫工作得到加强。1956年成立了县卫生防疫站，担负全县卫生防疫的监督检查和管理工作。从1962年起，每年春季都进行一次饮食服务行业从业人员的身体检查。1963年以来，贯彻执行食品卫生"五四制"，对食品添加剂加强了管理。加强了工业劳保卫生管理，县防疫站开展了对工厂的灰尘、苯铅毒进行调查和监测，拟定了预防和治疗职业病的措施，建立了工人劳动卫生档案。学校设置校医，为学生防疫防治。加强了妇幼传染病、多发病、常见病的预防和治疗。自1959年起，对儿童进行白喉、百日咳、破伤风三类菌接种，对7岁以下儿童实行口服小儿麻痹糖丸，对患儿实施麻疹疫苗和流脑疫苗接种。

地方病防治有新进展。开展了对地方性甲状腺肿与克丁病的调查与防治。随着积极开展治疗和食盐加碘工作的展开，地甲病得到了控制。甘南县对布鲁氏菌病的防治十分重视。1957年，县人委下发了《关于积极开展防治人畜波状热的通知》，要求做好疫区羊、牛、猪的检疫，发现疫畜予以隔离或宰杀；人畜分井用水；严禁食用有病或死牲畜肉；对牧畜人员进行防保知识教育。县财政拨付资金，对重点发病区的250余名患者进行包干免费治疗。为了加强对克山病的防治。1957年9月，县人委发布了《关于免费治疗克山病几个办法的通知》。组织大批医护人员会同齐齐哈尔医学院、齐齐哈尔医士学校等单位，派出医疗队长期驻守病区，监视疫情，治疗病人。1959年，县组织工作组，普查了12个公社、88个管理区、971个生产队和自然屯，普查人数达15万余人。县内建立了瘫型克山病疗养院4处，实行免费治疗。

爱国卫生运动取得新成绩。1957年，县人民委员会加强了对爱国卫生运动的领导，取得了显著成绩，1959年被评为嫩江地区卫生上游县。1960年，县内基本实现了社社有卫生院、保健站、卫生所和产院，队队有保健室和接生站，形成了一个从县到生产队的医疗预防保健网。城乡大力开展了"五有三勤"活动（家家有厕所、有灰仓、猪有圈、马有棚、井有盖、勤起、勤垫、勤打扫），训练了防疫员、民间疗法员、保教员、炊事员、卫生员等3 760名，组织了260余人的巡回医疗队。1960年全县涌现出"四无"（无蚊蝇、无老鼠、无垃圾、无杂草）先进单位200个。

（六）计划生育全面展开

1957年，县人民委员会发出了《关于做好节育工作的指示》。县成立节育工作委员会，下设办公室。1962年，各级卫生医疗单位都建立起避孕指导室，开展节育技术指导。县还举办了节制生育展览馆，使广大群众受到了教育，提高了对晚婚和计划生育的重要意义的认识。1965年，全县狠抓了五落实，即计划生育、节育措施、宣传队伍、组织领导、药具代销网点的落实工作。采取县社两级干部、共产党员、共青团员带头，各系统以块为主、条块结合、一抓到底的方法，做到系统包单位、单位包职工、职工包家属，层层落实，各负其责。从县医疗机构抽调一批妇、外科主治医生深入到各公社医院，负责计划生育的技术指导工作。从公社卫生院分期分批抽出部分医生到县医院或县手术队进行妇女输卵管结扎手术的实习，达到每个大队的卫生所都有一名会节育手术、并能放、取节育环或吸引流产的医生。同时，有计划地选拔一批知识青年，经过培训，掌握了节育技术，参加计划生育工作。全县各级党组织和政府都把计划生育工作纳入到了重要议事日程，坚持常抓不懈。1965年底统计，全县节育手术达2 100余例，结扎97人，比1964年增长94%；人工流产367人，增长1倍；上环608人，增长50%。

第六章　经济低迷与历史性转折

第一节　经济低迷期

1966年5月，正当全国人民胜利完成调整经济的任务，克服国民经济中的严重困难，开始执行发展国民经济第三个五年计划的时候，"文化大革命"开始了。

1966年6月26日，中共甘南县委根据中央《五一六通知》成立了"文化大革命"五人领导小组。

1967年5月15日，中共甘南县革命委员会核心小组成立。

1966年初，为贯彻落实中共中央和毛泽东主席关于"工业学大庆"的指示精神，甘南县委召开了全县工业工作会议，组织工交战线上的广大干部和工人群众，认真学习大庆经验，对照先进找差距，制定整改措施，以大庆精神为榜样，打好地方工业翻身仗。

为把"工业学大庆"不断引向深入，全县所有工交企业都切实改进和加强企业管理，建立健全了规章制度，搞好经济核算，提高经营管理水平。在"工业学大庆"运动中，各工交系统和基层企业，都放手发动群众，从年初开始就认真讨论安排各项生产计划，落实到车间、班组、人头、机台，人人都明确奋斗目标，为保证完成和超额完成全年国家生产任务打下基础。

全县"工业学大庆"群众运动取得了一定的成果。其主要标志：一是涌现出一批先进典型。据统计，全县工交系统学马列和毛泽东著作理论小组144个，理论学习骨干207名，劳动模范人物317人。这些先进集体和个人，在各项工作中起到了模范带头作用。比较突出的有：农电路线红旗手张泰春、一心为公的好干部陈明、爱车惜油安全行车的好司机马俊清、为革命养好路的尖兵李永田、"三不脱离"（生产指挥岗位、生产技术、劳动）的模范干部薛海林、苦干实干的带头人牛勇、"红管家"于文涛、参加生产领导生产的好干部赵福才、模范乡邮员李玉山、为革命不怕困难敢打硬仗的好工人胡瑞英、人民的好乡邮员管恩禄、革新能手李建福等。二是工业面貌有很大改观。在全县工交基本建设企业中，85%以上的企业生产水平有较大增长。甘南水泥厂、平阳农具修造厂、平阳被服社、长山铁木业社等8个企业生产翻了一番；甘南制砖厂、甘南橡胶厂、平阳造纸厂、查哈阳铁木业社、巨宝铁木业社等5个企业生产翻了两番；甘南电线厂、中兴铁木业社、兴隆铁木业社等3个企业生产翻了三番以上。甘南鞋帽厂建厂初期，连续4年处于亏损局面。在"工业学大庆"的群众运动中，广大职工认真学习"鞍钢宪法"，激发了广大职工的社会主义积极性。到1974年7月底，提前5个月超额完成全厂全年生产计划，到9月末，累计完成工业总产值为年计划的143%，为1973年同期的5倍；全员劳动生产率比上年同期提高1.2倍；可比产品成本比上年同期下降9.6%，实现利润8 000元，改变了企业长期亏损的局面。第三，自力更生、艰苦创业的精神大发扬。甘南县榆树林道班是省级社会主义建设先进集体，1970年以来，这个道班的干部和员工们连续4年实现了公路养护砂料自采，90%以上的养护砂料自运。凭着一颗红心，两只铁手，苦战三年，把所养护的一段"弯急坡度大，辙深坑槽多"的烂泥路，养护和改造成路面平实、路容整洁、晴雨通车的砂石路。并为农村社队节约劳动力1 500个工日，为促进工农业生产，支援国家社会主义建设做出了贡献。第四，技术革新和技术革命取得了新的成果。自1970年以来，全县工交战线实现技术革新500项，其中重大革新83项。巨宝电业所试制成功了触电保护器，对于保障安全用电，保护人民生命财产安全起到了重要作用。平阳造纸厂、甘南水泵厂、平阳农具厂、甘南县制酒厂、甘南县制砖厂等企业因陋就简，土法上马，开展技术革新和技术改造，推广新工艺新技术，提高了生产能力。第五，为支援农业做出了新贡献。各工交部门和企业都制定了支农规划，并抓好落实。平阳农具修造厂始终坚持服务于农业的正确方向。为发展农业生产研制了15种型号1 500多台农机具。几年来，共生产铁制农具21.2万多台（件）、各种农机具配件4.3万件。在为农业服务的服务中，对出厂的产品实行包修、包退、包换，先后派出300多人次支农服务队，深入到平阳、中兴等地的71个生产队，检修农机具1 600多台（件）。同时为生产队培养了43名技术骨干，使农具修理不出大队，受到农村社队的欢迎。县手工业农具厂、县油米厂等企业组织了农机具巡回修理服务组，深入到生产队搞农机具检修。为农业生产发展贡献了力量。

　　工业学大庆活动推进了甘南县工业生产快速发展。到1974年，县内先后新建投产了白灰、水泥、金属材料、晶体管、轻化工、柴油机等6户工业企业，使甘南县从过去仅有油酒米面铁木皮铺、工业经济十分落后的状况，发展成为有机械、冶金、轻工、电力、建材、电子等多工业门类的县份。工业企业达62户。全县工业总产值实现1 981万元，达到了县内历史最好水平。

第二节　历史性转折

1976年10月14日，中国共产党中央委员会公布了粉碎"四人帮"的消息。于是，在党中央和省、地委的领导下，中央甘南县委领导全县人民开始了揭批"四人帮"及其帮派体系，落实干部政策、平反冤假错案工作。开展了解放思想与真理标准的大讨论，实事求是地正本清源，拨乱反正，开启新的社会主义新征程。

11月26日，甘南县委召开公社党委和县直各部办科负责人会议，传达贯彻中共黑龙江省委召开的地盟市委和省直单位负责人会议精神及地委召开的各县（场）党委负责人会议精神，落实干部政策、平反冤假错案这对于解决思想，拨乱反正，正本清源，调动广大干部群众积极性，迅速地把全县人民的注意力和工作重点转移到社会主义现代化建设上来，具有重要意义。

1979年3月6日，甘南县委再次召开"落实政策平反大会"，纠正681起冤假错案，占冤假错案的100%。为588名地、富分子摘掉了"帽子"，占应摘的100%，给他们以人民公社社员的待遇。县委又责成公安司法部门，对"文革"中遗留问题继续予以复查。按照"全错全平，部分错部分平，不错不平，严明法纪，有错必究"的方针，开展复查工作。到1980年5月，共复查755人，平反150人。

1978年5月11日，《光明日报》以特约评论员的名义发表《实践是检验真理的唯一标准》一文。由此，引发了关于真理标准的全国性的大讨论。真理标准问题的讨论，在甘南县广大干部和群众中产生很大反响，特别是各级领导干部都自觉地认真学习报刊文章，坚持实事求是的思想路线，积极落实党的政策，执行符合实际的经济政策，调动各行各业的积极性，使国民经济和社会事业都有了新进展。

1979年2月，根据省、地的统一部署，县委、县革委会于9日至18日在县城召开三级干部会议。大会的中心议题是以实践作为检验真理的唯一标准，正本清源，总结经验教训，讨论如何实现党的工作着重点转移。会议紧紧抓住"全党工作着重点转移"这个中心，反复讨论并进一步打破"禁区"，解决干部思想僵化半僵化的问题。会议采取会内外相结合的办法，会内解决各级干部的认识问题、思想方法问题；会外开展大宣传、大学习、大落实三中全会公报精神活动，把"全党工作着重点转移到四化建设上来的决定"精神，传达到千家万户，人人皆知。

在解放思想大讨论中，甘南县根据县域经济发展实际，从实际出发，制定了适宜甘南县域情况的农业经济发展的八条政策：（一）继续稳定"三级所有、队为基础"制度，不搞"穷过度"。（二）压缩非生产人员，努力减轻农民负担。不准搞摊派平调。任何部门不准侵占生产队的粮、钱、物。（三）生产队要贯彻按劳分配、多劳多得的原则，健全生产责任制。（四）解决三角债问题。对职工和干部欠款抓紧回收，不准再出现陈欠。（五）各社、队因地制宜，适地适种。大力发展多种经营。严肃财经纪律，民主理财。（六）大队干部实行定工补贴，搞好年终奖励。（七）鼓励社员搞好家庭副业，饲养猪、鸡、鹅、蜂。创造条件，让社员富起来。（八）推广生猪产销合同制的办法，社员每交售一头猪，由生产队奖售饲料或在总饲料地里拨给一定的饲料地。这些政策颁布实施以后，调动了农村和社员的积极性，促进了生产的发展。

全县工交战线的工作和生产，也迈出了向工作着重点转移的第一步，出现了好的态势。县委检查了以前对工业工作抓得不力的教训，作出了加强对工业领导的决定：县委常委每个季度讨论一次工业工作并定期检查，切实为企业解决实际问题，促进生产快速发展。各工交部门和企业认真贯彻县委的决定，下功夫狠抓企业的各项基础工作，尤其是加强以搞好产品质量管理为中心的全面企业管理工作。建立健全以岗位负责制为重点的各项规章制度。广泛开展技术革新和合理化建议活动，组织干部、工人学习科学技术，定期考核，表现突出的破格晋级。工厂实行定员、班组核算，把各项经济技术指标分解落实到车间、班组、机台、人头，保证完成任务。各企业发动群众开展大讨论，认真总结企业生产的经验教训，采取各种有效措施，把生产搞上去，使企业扭亏为盈。

财贸部门提高服务质量，扩大服务项目，端正服务态度，搞活了购销，社会商品零售额有较大的增长。教育工作把重点转移到提高教学质量上来，办好重点中、小学。科研工作结合实际，确定项目，落实任务，取得了较好的成果。卫生工作以提高防病治病质量为工作重点，搞好各项医疗服务，并抓好计划生育工作。

总之，全县各行各业、各部门、各单位，都围绕着全党工作重点实现历史性转移这个中心，制定出了本地、本部门、本单位实行工作重点转移的规划，落实具体措施，一步一个脚印地扎实工作，为实现社会主义现代化而努力奋斗。

第七章 开创社会主义现代化建设的新局面

1978年12月，党的十一届三中全会胜利召开，全会作出了把全党工作的着重点转移到社会主义现代化建设上来的战略决策。甘南县委、县政府认真贯彻党的十一届三中全会精神，加快了改革开放步伐，促进了全县工作重点的转移，社会主义现代化建设进入了一个新的发展时期

第一节 改革开放的全面展开

（一）农村改革的突破与发展

中国共产党十一届三中提出了经济体制改革的任务，全会还制定了一系列加强农业生产的方针、政策和措施。1980年，甘南县委、县政府按照中共中央《印发〈关于进一步加强和完善农业生产责任制的几个问题〉的通知》精神，在查哈阳乡、中兴乡开展联产计酬责任制试点，并向全县推广。1981年底，全县有784个生产队落实了各项生产责任制，占生产队总数的76%；其中落实联产计酬责任制的有288个生产队，占生产队总数的28%。

1982年1月1日，中共中央下发了改革开放后的第一个关于

"三农"问题一号文件《全国农村工作会议纪要》，指出：农村实行的各种责任制，都是社会主义集体经济的生产责任制，要长期不变。党的农村改革政策使甘南县各级领导的思想得到进一步的解放，也极大地调动了广大社员群众的积极性。全县干部和群众从实际出发，积极推行家庭联产承包责任制，实行土地所有权与经营权分离的农村经济体制改革。到1982年底，全县有260个生产队实行"包干到组、联产计酬"等形式的家庭联产承包责任制。1982年，农村经济跃上了一个新台阶，农村人均收入达到209元，创本县历史新高。

1983年1月1日，中共中央下发了第二个"三农"问题一号文件《当前农村经济政策的若干问题》，甘南县干部群众认真贯彻中共中央精神，到1983年底，全县普遍实行了家庭联产承包责任制，全县农业生产获得了好收成，农村人均收入达到361元，进入全省、全区上等水平。

随着家庭联产承包责任制的普遍推行，农村"政社合一"的体制已越来越不适应农村改革发展的需要。1984年，甘南县按照中共中央、国务院《关于实行政社分开建立乡政府的通知》的部署，开始政社分设、撤社建乡的农村基层管理体制改革工作。设立乡（镇）人民政府，将原生产大队改为村民委员会，将原生产队改为屯，成为联系农户的集体经济联合体。到1984年底，全县成立了12个乡（镇）人民政府，167个村民委员会，907个村民小组。至此，人民公社体制及"三级所有、队为基础"的三级关系不复存在了。1984年，甘南县遭受到多种自然灾害，但由于开展了一系列农村改革，激发了全县广大干部群众的生产积极性，全县上下团结一心，战胜了旱、涝、雹、霜等自然灾害，夺得了农业丰收。农村总收入达到1.2亿元，比历史最高水平的1983年增长9%，粮豆薯总产实现187 458吨，同比增长20.6%。农村人均收入411元，同比增长13.5%。

随着改革开放的深入进行，中共中央、国务院对发展农村商品生产进行了战略部署，我国农村开始了以改革农产品统购派购制度、调整产业结构为主要内容的第二步改革，我国农村开始走上有计划发展商品经济的轨道。甘南县也按照中共中央、国务院和省、市政府的部署，改革农产品统购统销制度，实行国家计划指导下的市场调节，建立起粮食、生猪等主要农副产品的合同订购制度。县委、县政府采取多种形式，向广大农村干部和农民群众宣传国家政策，提高了农民思想认识，自觉地接受国家指导性计划，认真地同国家签订并履行各类订购合同，按合同要求进行农业生产和经营。1986年，根据省政府的要求，县政府制定了《甘南县1986年粮猪定购合同方案》，并将定购合同落实到农户。1986年，全县完成了粮食和生猪定购合同，保证了县内市场需要，农民收入也有较大增长。1987年以后，全县不断完善农副产品合同订购制度，始之法律化。随着农副产品价格的逐步放开，农村经济进一步搞活，县政府对生猪实行全部放开经营，全部由市场自由调节。

（二）国有企业改革

1979年7月，国务院先后颁布了《关于扩大国营工业企业经营自主权的若干规定》等五个文件，标志着以放权让利为重点的国有企业改革在全国范围内拉开序幕。甘南县结合县情实际，开始了国有企业改革。1981年4月，甘南县实施扩大国有工业企业经营管理自主权、实行政企职责分开试点，对全县国营工业企业在企业计划、利润留成、利润留成资金使用、产品销售、新产品试制、扩大出口和外汇分成、价格、人事劳动等12个方面扩大了企业自主权。1984年6月，又对国营工业企业在生产计划、产品销售、产品价格、资金使用、资产处置、机构设置、人事劳动管理、工资奖金、联合经营等7个方面扩大企业自主权。与此同时，还进行了国有工业企业内部领导体制改革。1984年5月，开始试行工业企业厂长负责制，废止了原来的"党委领导下的厂长负责制"。全县国营商业企业也实行了一系列重大经济体制改革，对46个小型商业企业全部放开经营，并在回民饭店搞了个人租赁经营试点。

1984年10月，党的十二届三中全会做出了《中共中央关于经济体制改革的决定》，要求建立以承包为主的多种形式的经济责任制。根据《决定》要求，甘南县所有国营工商企业都开始探索所有权和经营权的相互分离，即"两权分离"。同时，对国营工商企业收入分配制度也进行了改革，实行企业基金制度、试行利润留成制度、推行了利改税，进一步增强了国营企业的活力。1985年，甘南县对所有国营工商企业实行"一包五改"，增强了国营企业的活力，促进了生产经营的发展和经济效益的提高。1985年，全县工业总产值实现5 791万元，同比增长17.8%；产品销售收入实现2 666万元，同比增长11.9%。全县预算内14户工业企业，按预算口径计算，盈亏相抵后实现利润65.5万元，同比增长54.1。社会商品零售总额实现1.2亿元，同比增长8.2%；主要农副产品收购总额实现6 319万元，同比增长8.8%；外贸出口商品收购总额实现882万元，同比增长3.5%。

1988年，甘南县委、县政府认真贯彻党的十三大精神，先后制定了《甘南县工业企业承包暂行办法》《甘南县商业企业承包暂行办法》《甘南县饮食服务企业承包、租赁实施细则暂行规定》《甘南县卫生改革（试行）方案》《甘南县医药、药材批发、零售企业承包方案》《甘南县国营企业劳动保险统筹试行方案》。在继续抓好已出台改革措施的消化、巩固和完善的基础上，又试点推行新的改革，先后推行了小企业租赁经营、股份制、人才招聘、企业转制、拍卖等多种经济责任制形式，大批国有企业通过实行承包制，滚动发展、迅速壮大。到1988年底，全县具有承包条件的工商企业99%实行了承包。改革了企业干部人事制度、劳动制度、分配制度和生产经营方式，开始了企业股份制试点。

（三）流通体制改革

党的十一届三中全会以后，甘南县按照国务院《关于疏通城乡商品流通渠道扩大工业品下乡的决定》，开始从商品实行统购统销向市场自由流通转变。全县各商业企业积极组织货源，扩大销售，活跃市场。各专业公司领导带队赴外地组织货源。三级批发企业坚持送货下乡，组织基层商店、供销社召开物资交流会、订货会。批发零售部门采取降低批发起点、拆包选购、扩大基层营业品种、勤进快销等办法促进销售。加速了商品流通，增加了商品零售额。极大地活跃了城乡物资交流。

1983年2月，国务院印发了《关于改革农村商品流通体制若干问题的试行规定》。甘南县开始对农副产品和工业品批发体制实行改革。1984年以后，逐步改革日用工业品一、二、三级批发层次，批发站与专业公司合并，实行政企分开，扩大企业自主权，形成开放式、多渠道、少环节的批发体制。县城和乡镇建立农副产品贸易中心和批发交易市场，实行开放式经营。城乡集市贸易得到迅速发展，县饮食服务公司利用闲置场地建立了甘南镇北市场，甘南镇东郊村建立了甘南镇东市场，原大车店院内开辟一处以仔猪交易为主的牲畜交易市场。农村大集也得到恢复，1986年4月，巨宝乡首开农村大集。随后，长山乡、中兴乡、长吉岗乡大集相继开市。1987年以后，全县不断完善农副产品合同定购制度，使之法律化。后来，随着农村经济进一步搞活，县政府取消生猪定购，实行全部放开经营。

　　随着国家经济管理体制由计划经济向市场经济的逐步推进，供销合作社也按照1982年中共中央1号文件《全国农村工作会议纪要》要求，进行了恢复"三性"（组织上的群众性、管理上的民主性、经营上的灵活性）的改革。首先在巨宝乡供销社进行了改革试点，放手吸收农民入股，改革劳动人事制度，推行部（组）承包经营，成立董事会和监事会。扩大了资本金，拓宽了经营范围和服务领域，经济效益有了提高，真正成了自主经营、自负盈亏的合作商业企业。在巨宝乡试点成功的基础上，甘南县在全县供销社范围内开始了变"官办"为"民办"，恢复供销社合作商业性质的改革。1984年，县政府召开全县供销社社员代表大会，选举产生了理事会和监事会。到1985年，县内有基层供销合作社11处、供销部78处、农副产品收购部13处。随着社会主义市场经济不断发展，甘南县借国家商务部开展"万村千户"市场工程的发展契机，在全县建立起83户以服务"三农"为宗旨的农家店，充分发挥了合作商业在社会主义商品流通中的作用。

（四）财税金融体制改革

　　财政体制改革。1980年，国家下放财权，在预算管理体制上实行"划分收支，分级包干"的办法，俗称"分灶吃饭"体制。据此，甘南县政府对企业实行"超收分成、减亏留成"的办法，并允许企业从分成中拿出一部分资金办集体福利事业和奖励职工。对科技、文教、卫生事业和行政经费，实行"预算包干、结余留用"的办法，调动了各单位增产节约、增收节支的积极性。1984年，县政府又对县属工业企业分别采取"指标分解、记分计奖、计件和超额计件、浮动部分工资、成本包干到车间班组、利润包干超额归企业留成"等办法，对农林企业实行"定额补贴、总额包干、结余留用、超额不补"的包干办法，促进了企业减亏增盈。随着我国经济体制改革的推进，尤其是经过两步"利改税"，税收成为国家财政收入的主要形式。因此，甘南县政府按照"划分税种，核定收支，分级包干"的新的预算管理体制要求，在全县12个乡镇分别建立了财政所，县对乡镇实行"统收统支"的财政管理方式。

金融体制改革。随着经济建设的发展，我国金融业机构为适应经济建设的要求，开始从一元化转向多元化，按产业设置专业银行，出现了以产业分工为主要特征的专业银行机构。1978年8月，甘南县单独设立中国建设银行甘南县支行，承担原设在县财政的基本建设资金拨付、使用、管理业务。1979年7月，恢复中国农业银行甘南县支行。1984年1月，中国工商银行甘南县支行正式建立。在推进金融体系走向市场的同时，大力发展多元化金融组织机构，在组织制度上实行了创新。发展了一批非银行金融机构。1984年9月，成立甘南县信用合作社联合社。恢复了保险公司。1983年7月，正式成立了中国人民保险公司甘南支公司。中国人民银行甘南县支行于1986年1月摆脱了具体业务，不再直接经营商业银行业务，独立行使信贷管理和货币发行权，真正地开始发挥中央银行的作用。这样，一个由人民银行、工商银行、农业银行、建设银行、保险公司等组成的新的金融体系基本形成。

（五）综合经济管理体制改革

计划管理体制改革。1984年，甘南县贯彻执行国务院《关于进一步扩大国营工业企业自主权的暂行规定》和《关于改进计划体制的若干暂行规定》，在生产计划、固定资产投资计划、利用外资外汇计划、物资分配计划、商业外贸计划、劳动工资计划、文教卫生计划等方面，扩大了地区、部门和企业的管理权限。从1985年起，又逐步下放计划管理的决策权限；放宽基本建设、技术改造项目的审批权限；放宽对部门、企业自筹投资的计划管理权限；简化部门、企事业单位基建项目的审批手续；除对国家仍然统配的物资实行计划管理外，其余物资由市场调节和企业自主经营。同时，按照《中共中央关于经济体制改革的决定》要求，采取措施，缩小指令性计划的范围。在农业方面，对主要农产品的生产实行指导性计划，对粮食、生猪等主要农产品的收购实行指令性计划，并且不再向农民下达农产品统购统销任务。蔬菜完全由市场调节，产销直接见面。在地方工业品方面，逐渐放开计划管理，完全由市场调节，由生产厂家自主经营。对社会发展计划也逐步实现指导性计划。

价格管理体制改革。1978年，党的十一届三中全会对价格改革特别是农产品价格改革问题进行了部署。甘南县贯彻国务院《物价管理暂行条例》，逐步放开计划价格的管理，逐步缩小国家统一定价的范围。1979年，根据黑龙江省的规定，甘南县物价工作从计划委员会分离出来，成立了物价科，为甘南县人民政府直属机构，统管全县物价工作，1982年改称物价委员会，1984年改称物价局。物价工作以不同程度地放开价格、转变价格形成机制为改革的主要内容和重点，改变了过去单一的国家牌价状况，形成了国家定价、国家指导价、生产调节价同时并存的、统一与灵活相结合的价格体系。一是放开大部分农产品价格。1988年，在农产品收购额中，市场调节的比重上升57%。二是放开工业消费品价格。1988年，放开10种地方工业品的价格，使县管价格从47种减少到37种。三是与当时计划体制相匹配，生产资料价格实行"双轨制"。四是在坚持以放为主的同时，适当提高了粮食收购价格、部分烟酒价格及主要副食品价格。1988年9月，黑龙江省实施了"383工程"。为此，甘南县政府积极组织相关业务职能部门在努力增加效益供给，缩小供求缺口，稳定市场。控制物价等方面进行了有效的工作。物价、财政、税务等部门开展定期检查和不定期抽查，加强物价的控制、监督。零售商店实行红、绿、蓝三色标签，区别计划价、指导价、自定价，做到明码标价。工商部门在市场设立"383工程"监督岗、显示板、指导价格板、最高限价板、举报箱、违法登记册，配备兼职物价监督员，对违价违纪行为进行查处和打击，狠刹了乱涨价风。

工商行政管理改革。随着改革开放的进展，国家对农村集市贸易的有些政策进行了调整和补充。甘南县据此开始放宽个体商贩登记范围，活跃了集市贸易，调节了物资余缺，促进了物资交流。1980年，全县农贸市场发展到12处，成交额达到142万元，比1979年增长70%以上。同时，县内从事商业、手工业、饮食业、修理业、服务业的个体工商户也逐渐发展起来。工商部门对个体工商户的登记和管理，不但简化工作审批手续，而且放宽政策。1985年，县成立个体劳动者协会，全县12个乡镇、1个农场均设分会。到年底，全县个体工商业户发展到1 397户，从业人员1 827人，注册资金1 800万元。1988年，根据省、市关于放宽政策的精神，结合甘南县情，制定了《甘南县关于放宽经济政策的若干规定》，在企业名称管理、经营范围、经营方式、经商办厂条件、搞活市场、合同签证收费标准等方面放宽政策，在促进工商行政管理改革上又迈出了一大步。

（六）科技教育文化卫生体制改革

科学技术体制改革。1978年，中共中央召开了全国科技大会，拉开了科技体制改革的序幕。甘南县以经济建设为中心，紧紧围绕经济发展的需求实施科技体制改革。在管理体制上，实行了所（院）长负责制。在科研机构内部，实行"课题承包，经费包干"的责任制。县农业技术推广中心和科研单位密切合作，加强同乡镇企业、各类合作组织、专业户、技术示范户、能工巧匠相结合，积极做好供、产、储、运和加工等方面的技术服务以及新技术推广应用工作，放开对科技人员管理，允许人才合理流动，允许科技人员在业余时间里搞有偿劳务和技术服务。1986年以来，把对农业新品种的研制、引进、示范作为推动经济结构、增加农民收入的关键措施来抓，先后争取到国家"863"计划、国家星火计划、省重大科技专项、省科技成果转化、市攻关项目、市推广项目等科技项目35项。1988年，国务院做出《关于深化科技体制改革若干问题的决定》，在各种政策措施引导下，科技界以空前的热情投入到经济建设主战场。1990年，以推广"甘葵"系列葵花良种为重点，实施良种推广工程，先后培育出"甘葵一号""甘葵二号""甘葵三号"新品种，并通过省级命名。推广了玉米催芽、大豆垄三栽培、水稻旱育稀植、生猪直线育肥、奶牛提高群体单产等14项新技术。

教育体制改革。1978年，甘南县认真贯彻《中共中央关于教育体制改革的决定》精神，制定了《关于贯彻〈中共中央关于教育体制改革的决定〉的具体实施方案》，进行了教育体制改革。一是县直中小学实行"校长负责制"；乡镇、村中小学实行"分级办学、分级管理、校长负责制"。二是制定《甘南县九年制义务教育实施方案》，明确达标、验收标准。在实行九年制义务教育的同时，努力发展幼儿教育、特殊教育。三是调整中等教育结构，大力发展职业技术教育。四是在全社会中大力发展成人教育。1985年，全县学龄儿童入学率达98.2%；在校生巩固率达97.7%；应届毕业率达98.6%；12至15周岁儿童初等教育普及率98.1%。全县12个乡镇全部实现了初等普及教育。职业教育、成人教育也都得到发展。1986年，甘南县贯彻《中华人民共和国义务教育法》，建立起分级办学、分级负责和分级管理的教育新体制，教育事业取得了新的发展。到1989年，全县小学校发展到232所，中学校发展到50所。适龄儿童入学率达98.35%；中小学在校生巩固率达95%以上。教学质量也有明显提高，当年升入大中专院校学生301名。成人教育和职业教育都有新进展，各类职大、业大、电大在校生达1 000多人。有3 000多名农民参加了各类专业技术培训，提高了农民文化素质和劳动技能。采取国家、社会、学校"三点"精神，筹集资金195万元，改善了办学条件。到1989年底，全县村级以上学校砖瓦化率达到28%。全县建起26个中、小学实验室和1个电教室。

文化体制改革。甘南县根据中共中央关于经济体制改革的总方向围绕经济建设这个中心的需要，积极推进文化体制改革。一是对文化事业单位实行简政放权，扩大自主权。实行馆、所、团长（经理）负责制。二是实行不同形式的财政拨款制度，事业费分为全额或差额预算管理（承包制）。三是放开搞活文化事业单位，走"以文补文"的路子。允许"一业为主，多种经营"，开辟第二战场，搞多种形式的文化经营活动。四是鼓励发展个体私营的各类文化实业团体，开办歌厅、舞厅、录像厅等文化娱乐场所，进行商业性经营。通过文化体制改革，县内文化艺术事业呈现国家、集体、个体一起上的大好局面。不断深入的文化体制改革，使县内文化团体发展活力不断增强。县评剧团对古老的传统评剧表演艺术进行了改革探索，把现代歌舞和传统表演形式有机地结合起来，使评剧的表演艺术面貌一新。县新华书店建立了劳动优化组合有效机制，实行了企业化运作管理，经济效益不断提高。县图书馆建立了科技信息服务中心，提供各类信息，为农民脱贫致富服务，受到了国家文化部表彰。1989年，正值国庆40周年之际，甘南国画在中国美术的最高殿堂——中国美术馆展出。时任中国美协副主席的华君武、刘开渠，著名画家杨力舟、李琦、左元等参观了展览。时任中央工艺美术学院院长的张汀题词"黑土艺术，植根生活"。中央电视台在《新闻联播》中报道了这次活动；中国国际广播电台用37种语言报道了展览的消息和甘南县的文化建设成就。时任中国作家协会办公厅主任的高洪波将这称之为"甘南现象"。甘南县民间故事、民间歌谣、民间谚语的搜集整理工作也深入开展。1986年成立了"三套集成办公室"，共收集民间故事2 725篇、歌谣2 866首、谚语3 645则，并集成出版了《甘南民间故事集成》《甘南民间歌谣集成》和《甘南民间谚语集成》，成为黑龙江省第一套地方"三套集成"，传播面很广，外省亦有收藏。1989年，甘南县成立了甘南县文化市场管理所，先后制定了20部文化市场管理的法规文件，保证了县内文化市场有法可依，守法经营，不断繁荣发展。

卫生体制改革。1985年，甘南县政府认真贯彻国务院批转卫生部《关于卫生工作改革若干政策问题的报告》精神，制定下发了《全县卫生改革方案》，从领导体制、人事制度、管理制度等方面进行了全面的改革。一是领导体制上，普遍实行了院、站、所、校长负责制，实行了党政分开。二是在人事干部管理制度上，实行了聘任制。三是在管理体制上实行一院多制，即分别设立"岗位责任制"、"定额管理、经济承包责任制"、"技术经济责任制"。推行"四定"（定床位、定人员、定经济指标、定技术指标），三级管理、科室核算、两级考核，以效益定分配，以标准定奖惩的管理办法。1988年，甘南县在实行院、站、所、校长负责制的基础上，进一步推行院、站、所、校长任期目标管理责任制，年初卫生局与院、站、所、校长签订"承包经营合同"，年末采取百分计分法进行考核，兑现奖惩。1988年至1990年三年间，加大了对卫生事业投资力度，使医疗卫生条件明显改善，医疗技术水平进一步提高。妇幼保健和卫生防疫工作深入开展，全县计划免疫接种率达88.5%，传染病发病率比1987年下降13个百分点。同时，村级医疗卫生事业也逐步得到恢复，有60%

的村基本上解决了缺医少药的问题。计划生育工作贯彻落实"三为主""三结合""三服务"的方针，严格控制早婚早育、多胎生育现象。严格实行计划生育目标责任制，落实一票否决权。1990年，全县人口自然增长率达9.83%。

第二节　国民经济的全面发展

（一）大力发展农村经济

党的十一届三中全会以后，甘南县农村实行以家庭土地承包经营为主、统分结合的双层经营体制，全面进行了产业结构调整，农村出现了多元化生产经营形式，推动了农村经济繁荣发展。

经济效益不断提高。1983年9月20日，中共甘南县委第七次代表大会召开，大会决定到年底，全县农村普遍施行家庭联产承包（大包干）责任制。1984年，是全县农村实行"大包干"的第一年，这一年全县农业遭到多种自然灾害，但由于实行了家庭承包，激发了农民自身内在的积极性，战胜旱、涝、雹等灾害，夺得了丰收。农业经营总收入达到1.2亿元，比历史最高水平的1983年增长9%；粮豆薯总产实现187 458公斤，比1983年增长20.6%。全县农村人均收入411元，比1983年增长13.5%。1985年，国家将粮棉油蔬菜等主要农副产品的统购统派制度逐步改革为以计划为主与市场调节为辅的制度。同时，开始将市场机制引入到农业和农村经济发展中。甘南县也随着改革的不断深入，加大了农业投入力度，加强了农业基础设施建设，大力实施科技兴农，全面发展畜牧业生产，农业综合生产能力明显提高。到1990年底，农业经营总收入达到2.8亿元，比1984年增长133.3%；粮豆薯总产实现286 777吨，比1984年增长53%。全县农村人均收入644元，比1983年增长56.7%。

转变生产经营方式。1979年以来，甘南县农村开始逐步实行农业生产责任制。当年，宝山公社有23个生产队实行了"包干到组、联产计酬"的责任制，到年底，经济收入比1978年增长32.6%。1981年全公社推开了承包到户的办法。1982年，县内各公社（乡镇）都开始试行"家庭联产承包责任制"，当年有62个生产队承包到户，当年人均收入209元，创历史最高水平。1983年开始，甘南县全面推行"土地家庭承包经营"生产责任制，当年全县人均收入361.60元，进入全省、全区上等水平。到1986年，全县农户承包经营耕地面积为12.04万公顷，集体经营1.6万公顷，农户承包经营的耕地占总耕地面积的88.5%。音河乡兴十四村没有实行家庭联产承包经营，实行6户统一承包经营，经营耕地面积0.12万公顷。随着改革开放深入进展，甘南县农业经济出现了向社会化、专业化、商品化方向发展的势头，部分农民从土地上解放出来，开始由种植业向养殖、农副产品收购及加工、交通运输、经商等行业上转移，出现了很多种植业、养殖业、加工业的专业户。一些年收入万元以上的专业户开始出现。

加速产业结构调整。农村经济体制改革使农村经济结构发生了变化，农民改变了过去偏重粮食生产而轻视发展经济作物的传统观念，积极应对市场变化，主动调整种植业结构。到1990年底，甘南县经济作物和粮食作物之间的比例有了大幅度的调整，增加了效益好、销路畅的水稻、葵花等作物的种植面积，压缩了效益低、销路差的小麦、谷子、高粱、甜菜等作物种植面积。在种植业内部结构调整和农业内部结构调整的推动下，农村经济结构也打破了以种植业为主要经济来源的格局，逐渐发展成农、林、牧、副、渔、工、企全面发展的局面，结束了过去农村经济结构单一的历史，实行了农村经济全面稳定发展。到1990年，全县种植业收入占农业总收入的55%，比1978年降低了30.6个百分点；畜牧业收入占农业总收入的7.3%，比1978年增长了3.3个百分点；加工业收入占农业总收入的13.6%，成为农村经济发展的新的支柱产业。林业、渔业、建筑业、运输业、商贸服务业均取得一定发展。

稳步实施林业生产。甘南县委、县政府高度重视林业生产，把林业建设作为生态工程常抓不懈。1981年，甘南县认真贯彻执行国家《森林法》，抓了稳定山权林权工作，落实了林业生产责任制。到1982年为国营、集体、个人发放林权证52 100份，解决了林权不分，责任不明的问题，并普遍实行了林木营护责任制，全县设专职护林员118人。严查严处毁林案件，有效遏制了乱砍滥伐歪风，有力地保护了林业资源。1988年，县政府成立了森林资源保护委员会，建立健全了各项规章制度，落实了岗位责任制，上下形成了层层落实，齐抓共管的管理格局，建立了完善的林业管护体系。1978年，甘南县被国家列为"三北（东北、华北、西北）防护林建设重点县"，防护林建设工程正式开始实施。三北防护林一期工程（1978—1985年）规划造林25万亩，实际完成25.28万亩。针对全县荒山荒坡较多、汛期洪水顺山下泄造成大量农田被淹的情况。1986年开始，甘南县对县境内的360座大小荒山开始绿化。为了解决荒山干旱造成成活率低的问题，经过科技人员试验，樟子松容积袋小苗栽植的办法取得成功，加大了植树造林工作的力度，1986年到1987年，甘南县在国家重点文物保护遗址金长城南侧营造起了全长303.72华里、5 000多亩面积的省界边堡林。

大力加强水利建设。甘南县针对县域内春旱秋涝，十年九不收的自然环境，为了变水害为水利，以防洪除涝为重点，不断加强水利基础设施建设。1988年，省委、省政府在全省开展了以农田水利基础设施建设为主要内容的"黑龙杯"竞赛活动，甘南县以此为契机，以防洪除涝为重点，进一步加强全县水利基础设施建设。县委、县政府强化了领导，落实了责任。进一步加强全县11座大中小型水库等水利基础设施建设，提高水利设施防洪标准；实施以稻治涝发展规划，加大全县水田种植面积；大打机电井，东部平原乡镇全面实现节水灌溉；在西部半山区开展水土保持工程建设，提高农业生产抗灾增收能力。全面实施防洪除涝工程，开展了嫩江大坝东阳段消险加固工程。兴隆乡对境内先进、新建水库大坝进行了加固。音河镇对阿伦河右岸提防进行了加固。从1989年到1993年，甘南县水利工程建设完成土方量每年以80万立方米的速度递增，完成了省、市确定的第一阶段土方量，排名全市第一。

牧业生产不断发展。从新中国成立到1977年，甘南县奶牛存栏仅有258头，生猪存栏始终徘徊在2.8万头上下，绵羊存栏量只有1.7万只。1982年，甘南县建起了乳品厂，有力地推动了奶牛业发展，全县奶牛存栏量由1982年的2 194头增长到1994年的13 882头。随着全县农业发展战略转变，全县不断调整种植业和畜牧业的产业结构，畜牧业的突出地位逐步显现，畜牧生产由副业逐步发展成为主导产业。生猪生产在我省取消派养派购政策，全部实行放开经营后，全县生猪存栏迅速增长到了9.9万头。在发展畜牧业过程中，甘南县委、县政府健全完善各级领导干部抓畜牧业的责任制，在良种选育，技术推广资金扶持上提供优质服务，大力实施科技战略，鼓励创办农村专业合作组织，不断提高畜牧业养殖标准，提高经济效益，全县畜牧业经济取得了发展。1990年，全县畜牧业产值实现7 677万元，比1978年增长780.8%。辖区奶牛存栏8 323头，比1978年增长50.4%；黄牛饲养量28 904头；山绵羊饲养量157 903只；生猪饲养量97 328头。

（二）全面振兴工业交通经济

工业生产。1978年，党的十一届三中全会做出了改革开放的重大决策。甘南县委、县政府按照党中央的部署，把工作重心转移到社会主义现代化建设上来，确定了"以农稳县、以工富县、以科技兴县"的发展战略，广泛引进技术、人才和资金，加速企业的技术改造，大上新项目，开发新产品，工业生产呈现出崭新气象，取得了一定的成果。县内先后新建和扩建了机械电器、汽车修配、白灰、水泥、晶体管、皮毛鞋帽、糖果、乳品、柴油机等工厂企业。在新建的工业企业中，甘南柴油机厂是最引人注意的。柴油机厂是由县农机修造厂模锻车间扩建而成的，是黑龙江省唯一的小型动力机生产厂，也是甘南境内最大的工业企业，主导产品是环宇牌L195型柴油机。该厂建厂后，不断整顿企业、调整班子、选贤任能、博采众长、改进设计、完善装备、革新工艺，闯过了一道又一道的难关。1983年L195型柴油机荣获省优产品，1984年又被评为国家机械工业部部优产品，并获得部颁生产许可证。产品畅销国内12个省、市、自治区，并出口秘鲁、马来西亚、新加坡等国家。甘南柴油机厂虽然不是县属企业，但对甘南的经济建设和安置人员就业起到了不可低估的作用。

老工业企业黑龙江鹤城酒业有限公司也在改革开放中不断发展壮大完善，成为甘南县工业生产一支骨干力量。黑龙江鹤城酒业有限公司在改革中进行了剥离重组，1985年，成立了"甘南县酿酒有限责任公司"，并与齐齐哈尔北大仓酒厂联营，生产的白酒均采用"北大仓"商标。同时开始生产高档白酒"君妃"酒。1988年与河北省邯郸市酒类批发市场联营，合作开发生产"黑土地"白酒，企业也更名为"鹤城酒业有限公司"，后改制为"黑龙江鹤城酒业有限公司"。改革后的鹤城酒业焕发出蓬勃的生机和活力，规模不断扩大，品种不断增加，效益大幅攀升。在全国建立了50多个销售网点，建立了200多人的销售队伍，产品覆盖河北、山东、河南、江苏、湖南、福建、四川、天津、内蒙古、辽宁等二十几个省市。鹤城酒业坚持实施名牌战略，做到研发一代、生产一代、储备一代，保证每个季度都有新口味的白酒和各种新颖有文化内涵的包装问世，先后推出"康雍乾""千年情""东北第四宝"等新品牌，形成了八大系列50多个品种。鹤城酒业成为东北地区白酒销售量最大、纳税最多的白酒企业，进入中国白酒百强企业。

改革开放以来，甘南县将发展县域经济的重心由农业转移到工业，使全县工业有了较快的发展。1990年，全县工业企业发展到116个，工业总产值达到13 872万元。

交通建设。改革开放后，甘南县交通建设不断发展。到1985年，县内有省级公路1条，39公里；县级公路6条，225.8公里；乡级公路33条，620.88公里；其中碾甘、甘土、中扎、甘双、长太、甘扎、中成、查朝8条乡路列为县级公路养护。

随着国家、省、市政府不断增加对交通基础建设的资金投入，甘南县公路建设进入了快速发展阶段。甘南县从经济社会长远发展出发，聘请专家多次勘察论证，确定了交通发展格局，制定了公路发展规划。首先对公路进行升级改造。1986年开始，对国有干线公路绥满公路（301国道）齐齐哈尔至甘南段进行升级改造，升级为3级沥青黑色路面。同时，还对齐查公路（齐齐哈尔至查哈阳）、富甘公路（富裕至甘南）、龙甘公路（龙江至甘南）拉甘公路（拉哈至甘南）等4条县级公里进行了升级改造，全部升级为3级沥青混凝土结构。公路通行能力不断加强。随着公路网络的日臻完善，为之配套的桥涵建设也取得了长足的发展。1986年至1990年，新建桥梁7座。改建了东阳大桥，保证了甘南县东部交通运输的需要。

为了保证道路畅通，甘南县加强了道路养护工作。1979年，县级公路养护实现了备料机械化、装卸机械化。1986年，对公路养护实行"投资包干、单独核算、超支不补、结余分成"的经济承包责任制。1986年至1990年五年间，共备养护砂石料22.66万立方米，处理翻浆路段23.25公里，处理水毁路面2.22万平方米，修复水毁路基7处，完成标准级公路39公里清挖路边沟61.5公里，铺装磨耗层208公里，好路率由66%提高到81.2%。

经过几十年的不懈努力，甘南县公路二纵二横的"井"字形格局已经基本形成，农村公路与国、省干线紧密相连，并连成网形成环形闭合，城乡道路四通八达，往来方便快捷，甘南经济也驶上了高速路。

（三）活跃商业贸易

随着社会主义经济体制改革深入，甘南县国营商业实行了一系列重大经济体制改革。1984年，全县饮食、蔬菜、糖酒、食品、百货、五金、石油、医药等8个公司的46个小型商业企业全部放开经营。改革后，国营商业流通渠道畅通，经营方式多样化，初步形成了多渠道、少环节、开放式的流通体制。各商业企业积极组织货源，扩大销售，活跃市场。各专业公司领导带队赴外地组织货源。三级批发企业坚持送货下乡，组织基层商店、供销社召开物资交流会、订货会。批发部门采取降低批发起点、拆包选购等方式促销。零售商店多进样、少进量，勤进快销，并送货到工厂、机关、学校、街道，对积压商品摆摊出售，保证了商品流通，增长了商品销售额。一些国营企业积极适应改革新形势，拓展市场经营门路，县食品公司在失去了生猪收购经营主渠道的严峻形势下，建立了出口牛羊肉加工厂，收购县内菜牛和外省区的草原牛羊，加工后除满足县内市场外，经省外贸部门出口到俄罗斯。在此基础上，县委、县政府决定组建肉禽公司，除继续加工牛羊肉外，又新上了大鹅生产线，发展"鹅经济"，生产的白条鹅、分割鹅，除县内少量消费外，大部分远销上海、江浙一带。1986年至1990年，全县国有商业的采购一直呈上升趋势，5年间，商品采购额增加了890万元。1991年，出现了商品热销现象，各批发站把握市场机遇，积极组织货源。与此同时，个体商业也得到了快速发展。到1986年，全县有个体商业网点近800户，年销售额为1 147万元，就业人员近900人。到1995年，全县个体私营商业已发展到3 461户，年营业额突破亿元大关。

党的十一届三中全会后，甘南县城镇集市贸易也日渐繁荣。1984年，在县城内三道街开辟了约200米长、8米宽的工业品贸易市场，固定摊床160多个。同年，平阳镇也设立了工业品贸易市场。到1985年末，县内有各类集市贸易场所11处，各乡镇有贸易场所11处，每天上市达2 000余人，日成交额最高达3万元。集市贸易成交额在社会商品零售总额所占的比重越来越大。农贸市场也得到了发展。1986年，甘南县城内有1处以蔬菜、仔猪、活鸡为主要经营品种，以甘南镇郊区菜农为经营主体的棚式城关市场，有8处以自产蔬菜、猪肉为主要品种，以主要交通道口、繁华路段为经营场所，以小商贩为经营主体，自发形成的早、晚市。1987年，甘南县政府及县工商局、城建局等部门采取措施，对城镇集市贸易进行规范化管理。对城关市场进行了改造，建成一处占地3 680平方米的庭院大棚式、固定铁制货架，设有招待所、寄存处、存车场、多用仓库等附属设施，可容纳500多户业户入场经营的集贸场所。1994年，在原县木材公司院内建设一处占地2.4万平方米，可容纳1 500多业户入市交易，以批发、零售蔬菜为主的大型庭院式蔬菜批发市场。盛况空前，异常活跃。

在商业贸易中，合作商业是一支不可忽视的力量。甘南供销合作社把支农服务作为根本出发点，为保证农民适时买到称心如意的生产资料和生活用品，供销社干部职工深入田间地头，了解情况，汇总信息，搞好供应。他们克服环境差、缺资金的种种困难，自己装车卸车，不辞劳苦，不计报酬，以苦为乐。其中查哈阳供销社就是其中突出的代表。查哈阳供销社一心为农民着想，提高服务质量，加强民主管理，企业购销两旺。1968年被评选为全省供销系统标兵单位，先后三次在全国总社召开的会议上介绍经验。1978年，查哈阳供销社被评选为全国财贸战线双学（学大庆、学大寨）先进单位，支部书记梁玉祯受到华国锋、叶剑英、邓小平、李先念等党和国家领导人的亲切接见。随着改革开放的深入，甘南县供销社也得到了长足的发展。1985年，县内供销系统有基层社11处、供销部78处、农村产品收购部13处、企业公司3处、批发部3处、贸易货栈1处、酱菜厂2处、饮食网点25处、集体企业（含饮服网点）107处。全年销售额3 722.5万元，实现利润59万元，上缴税金82，8万元。成为集供销、加工、贮藏、运输、技术服务于一体的企业综合体。1986年后，甘南供销社进行了一系列体制改革，对所属公司予以解体、重组、拍卖、出售。到1994年底，甘南县供销社有直属企业20家，乡级供销社、供销分公司15家。供销社坚持以服务"三农"为宗旨，积极组织干部职工深入村屯，送货上门，为农民提供信息、技术等服务活动。积极开展农业生产资料供应和农副产品收购工作，在保证农业生产需要、促进农民增产增收中发挥了积极作用。

第三节　加强精神文明建设和民主法制建设

（一）加强社会主义精神文明建设

1981年6月，中共中央十一届六中全会审议通过的《关于建国以来党的若干历史问题的决议》，把社会主义精神文明建设归纳为社会主义现代化建设道路的十个要点之一。按照中共中央指示，甘南县委成立了甘南县社会主义精神文明建设委员会，下设办公室。从1982年开始，根据中共中央统一部署，每年3月份开展以五讲（讲文明、讲礼貌、讲卫生、讲秩序、讲道德）、四美（心灵美、语言美、行为美、环境美）、三热爱（爱祖国、爱人民、爱社会主义）为主要内容的"文明礼貌月"活动。全县人民在精神文明办组织下，积极行动起来，各机关、企事业单位深入开展职业道德教育，农村制定乡规民约。开展爱国卫生运动，整顿乡村和镇容镇貌。促进了全县社会风气、村容街貌和服务质量向好的方面转变，人民群众的道德水准不断提高。全县涌现出文明村、厂、店、校、街等27个，"五好"家庭4 580户，学雷锋送温暖小组1 300多个，社会风气为之一新。

1986年，县精神文明建设委员会把全县文明单位和文明城镇建设工作引向规模化、标准化的轨道，全县各单位深入开展了文明城市、文明村镇、文明行业、文明单位等群众性精神文明创建活动，切实加强了社会公德、职业道德、家庭美德建设，促进了行业和社会风气的好转，涌现出了一批"两个文明"建设成果突出、有较强示范作用的先进典型。县精神文明建设委员会先后命名表彰了县级文明单位标兵6个、县级文明单位26个、县级文明村2个。

1987年1月，中共中央发出《关于当前资产阶级自由化若干问题的通知》，县委、县政府及时组织党员干部进行学习讨论，增强坚持四项基本原则、反对资产阶级自由化斗争的自觉性，同时开展对党的十三大文件的学习和宣传。县委举办乡镇和县直党委党群书记、政工干部培训班，每周六组织县直机关干部和基层企事业单位负责人参加的十三大文件辅导报告会。经过宣传教育，使广大党员、干部进一步认识建设中国特色社会主义初级阶段的现实意义，初步理解社会主义初级阶段的理论、中心任务、基本路线、经济战略、体制改革等重大方针政策，提高了广大党员干部的政治思想素质。

（二）进一步完善人民代表大会制度和政治协商制度

人民代表大会制度。自1967年4月甘南县第七届人民代表大会后，在长达十年多的时间里，再没有举行过一次人代会，地方人大及其人民委员会被革命委员会所取代。

1980年10月13日至16日，甘南县第八届人民代表大会第一次会议在甘南镇举行。会议审议了县革命委员会主任戴文生作的《政府工作报告》，县革命委员会副主任王占臣作的《甘南县1979年财政决算和1980年财政预算（草案）的报告》等。会议根据《中华人民共和国地方各级人民政府组织法》，决定设置甘南县人民代表大会常务委员会（为常设机关）。选举产生了甘南县第八届人民代表大会常务委员会，袁喜明为主任，王永学等4人为副主任。会议决定将县革命委员会改为县人民政府，选举产生了甘南县第八届人民政府组成人员，戴文生为县长，白云生等6人为副县长。在1981年11月举行的甘南县第八届人民代表大会第二次会议上，根据《中华人民共和国地方各级人民代表大会和地方各级人民政府组织法》《中华人民共和国全国人民代表大会和地方各级人民代表大会选举法》，增补何本元为县人大副主任；

选举贾树起为县长。在1983年3月举行的甘南县第八届人民代表大会第三次会议上，接受了袁喜明辞去第八届人大常务委员会主任职务的辞呈，增补于万河为县人大副主任；选举王国清为县长。1984年4月15日至17日，甘南县第九届人民代表大会第一次会议在甘南镇举行。会议审议了县长朱凤才作的《政府工作报告》、副县长李东升作的《甘南县1983年财政决算和1984年财政预算（草案）的报告》等。会议选举产生了甘南县第九届人民代表大会常务委员会，滕秀文为主任，何本元等4人为副主任。选举朱凤才为县长，李东升等4人为副县长。在1985年3月举行的甘南县第九届人民代表大会第二次会议上，增补张国栋、吴忠良为县人大副主任。1987年10月28日至30日，甘南县第十届人民代表大会第一次会议在甘南镇举行。会议听取并审议了县人大常委会、县人民政府、县法院、县检察院九届一次会议以来的工作报告，并做出了相应的决议。会议选举产生了甘南县第十届人民代表大会常务委员会，滕秀文为主任，牛斌等4人为副主任。选举朱凤才为县长，赵云喜等4人为副县长。

县人大常委会自1980年设立以来，紧紧围绕经济建设这个中心，按照建立社会主义市场经济体制的要求，进一步明确人大工作的指导思想，把加强社会主义民主法制建设作为根本任务，努力履行宪法和法律赋予的责任，加强了对"一府两院"（县人民政府、县法院、县检察院）的监督，卓有成效的开展工作。县人大常委会不断完善人民代表大会制度，把加强代表工作，充分发挥人民代表的作用，作为人大常委会的一项经常性的基础工作。积极组织各级人大代表开展三查（察）活动，围绕本县工业、农业、商业、乡镇企业、林业、畜牧业及人民群众关心的热点问题，深入到工厂、农村，开展调查、检查和视察活动，了解人民群众的愿望和要求，并形成调查报告，提出切合实际的建议和意见。人大常委会制定了县人大常委会同乡镇人大主席团联系制度，加强对乡镇人大及其主席团工作的指导，开展义务知识培训。组织全县各级人大代表开展评议国家机关工作，有效地促进和维护了政府部门工作，密切了人民群众与党、与政府的关系，发挥了人民群众当家作主、管理国家事务的作用。

政治协商制度。党的十一届三中全会以后，恢复和发展了党对民主党派的正确方针。1980年10月12日至16日，政协甘南县第四届委员会第一次全体委员会议在甘南镇召开。会议听取了县委书记袁喜明的讲话；审议了吴国兴所做的《政协第三届委员会工作报告》；选举产生了政协甘南县第四届委员会，吴国兴为主席，吕洪文等2人为副主席。在1983年3月19日至23日的政协甘南县第四届委员会第三次全体委员会议上，选举白云生为政协主席。1984年4月13日至17日，政协甘南县第五届委员会第一次全体委员会议在甘南镇召开。会议听取审议了吕洪文所做的《政协第四届委员会工作报告》，选举产生了政协甘南县第五届委员会，白云生为主席，吕洪文等5人为副主席。1987年10月26日，政协甘南县第六届委员会第一次全体委员会议在甘南镇召开。会议听取了县委副书记白万良的讲话；听取审议了李东升所做的《政协第五届常务委员会工作报告》和李晓云所做的《政协第五届常务委员会提案工作情况的报告》；选举产生了政协甘南县第五届委员会，李东升为主席，于万河等2人为副主席，赵东德等4人为非驻会副主席。在1989年3月27日召开的政协甘南县第五届委员会第三次全体委员会议上，增补杜兴周为政协副主席。

县政协恢复以后，认真履行政治协商、民主监督、参政议政三大职能，紧紧围绕党的中心工作，开展各项活动。政协每年都召开全委会议，并定期召开常务会议、主席会议，积极参与本县重要的政治、经济事务及人民群众关心的重大问题的协商；配合有关部门落实了统战政策、知识分子政策；组织委员开展视察和调查，围绕农村土地家庭承包、农村工作、工业生产、城镇建设、文教卫生、市场价格、落实统战政策等方面，提交了许多议政价值较高的专题报告和建议，并参与和承担了县委、县政府的中心工作，较好地发挥了政治协商、民主监督的作用。

（三）地方行政职能的转变

1984年，甘南县按照省、市的要求，逐步实行简政放权，还权于企业。把应当属于企业范围的微观经济决策和组织管理权力，坚决下放给企业，在国家的一定政策和计划的管理、指导下，由企业自主进行，使企业真正成为一个相对独立的经济实体，成为自主经营、自负盈亏的社会主义商品生产者和经营者，成为一定权利和义务的法人。

1985年，县政府认真贯彻落实国务院颁发的"扩权十条"、利改税办法、商业体制改革、外贸体制改革、建筑业和基本建设管理体制改革、机械工业管理体制改革、计划体制改革等七个文件以及省政府1984年12月颁发的简政放权十项措施，责成各经济综合部门、企业主管部门制定了简政放权具体方案，落实到企业。县政府在放权给企业的同时，对企业实行以厂长（经理）为主的承包经营责任制。1988年至1990年，县政府对所有工商企业简政放权，放开经营，给企业创造出宽松的自主经营、自我发展的经济环境。政府工作面向基层、服务于基层，组织广大干部深入到工商企业，帮助解决生产经营中实际问题，帮助企业寻找新的生产项目，开发新产品，协调筹措技改资金，协助企业推销产品帮助企业扭亏增盈，解决停产半停产企业职工生活困难问题，保证企业生产经营活动健康有序进行。

第八章　改革开放和现代化建设
进入新时代

1992年以来，邓小平南方谈话的发表和党的十四大召开，我国改革开放进入了一个新的发展时期，社会主义市场经济加速建立，国民经济和各项社会事业全面发展。甘南县在中国特色社会主义旗帜指引下，解放思想，改革开放，抢抓机遇，励精图治，经济社会建设取得了辉煌成就。

第一节　加速建立社会主义市场经济体制

（一）贯彻邓小平南方谈话和中共十四大精神

1992年1月18日至2月21日，邓小平视察武昌、深圳、珠海、上海等地，并就一系列重大问题发表了谈话。为贯彻落实邓小平南方谈话精神，甘南县于1992年5月22日召开了解放思想、深化改革动员大会，县委书记赵云喜在动员会上做了重要讲话。县委、县政府决定，以"两转"为重点，从"三项制度"改革入手，大力深化政企内部改革。按照中央和省、市出台的政策，从简化审批手续、放开跨行业经营等11个方面放宽政策，为经济发展创造宽松的外部环境。

1992年10月，党的十四大在北京召开。甘南县认真贯彻党的十四大精神，召开了全县加快发展县域经济工作会议，县委书记赵云喜做了题为《贯彻十四大精神，加快改革开放步伐，推动县域经济更快更好地登上新台阶》的报告。会议正确分析了县域经济面临的新形势，确定了"八五"期间后三年县域经济发展的总体目标和主要任务，完善了"以扩大开放、转换机制为重点，以调整结构、提高效益为中心，依靠科技进步，大力发展高产优质高效农业，突出发展加工业和高新科技项目，加快发展第三产业，逐步形成以贸带农、以工促农、以工聚财、以财补农的良性循环的经济格局，加速实现上台阶、奔小康的战略目标"的总体思路。会议以后，全县各乡镇、各部门也都认真组织传达贯彻邓小平南方谈话和党的十四大精神，结合实际情况制定加快改革开放和现代化建设的措施和办法，极大地促进了全县人民思想解放和改革开放的进行。

1994年1月，甘南县委召开十届二次全体（扩大）会议，会议的主要任务是贯彻党的十四届三中全会精神。县委书记赵云喜做了题为《深入贯彻党的十四届三中全会精神，努力把我县改革和建设事业推向前进》的报告，会议明确了全县工作的基本思路是：坚持以党的十四届三中全会精神为指导，突出经济上台阶、奔小康这个中心，加大改革开放力度，围绕农村人均收入突破1 000元、财政收入突破3 000万元两个目标，抓住产权制度改革、农村基层产业规模推进、工商企业扭亏增盈、培育新的经济生长点、推进科技兴县、加强党的建设和社会主义精神文明建设六个工作重点，确保全县国民经济和社会事业向脱贫目标再进一步。会后，县委、县政府先后制定下发了《建立干部激励机制，健康社会经济发展的暂行规定》《专业技术人员和管理人员为发展非国有经济服务的若干政策暂行规定》，使全县的经济发展环境有了很大的改善，全县改革开放的步伐明显加快。全县呈现出经济发展、改革深入、社会进步的良好局面。

1995年3月，甘南县委在全县范围内开展了改善经济发展环境讨论，各乡镇、各部门以"三个有利于"和邓小平关于选人用人的论述为标准，结合本地、本部门实际，围绕转变工作职能，尊重企业自主权，简化办事程序，提高工作效率，为企业依法经营创造条件、提供服务，为经济建设保驾护航等方面开展讨论，抓住影响经济发展的症结问题，举一反三，认真总结经验教训，进一步更新观念，制定和落实整改措施，为经济发展创造宽松的经济环境。在此基础上，甘南县委印发了《关于改善经济发展环境若干问题的规定》，在招商引资、发展个体私营经济、项目审批、土地使用、部分税收征管审批、城镇建设、企业资产评估、产品质量检验收费等方面放宽了政策。坚持治理乱收费、乱摊派、乱罚没，维护社会经济秩序，创建宽松的经济发展环境。

（二）转换国有企业经营机制

经过学习贯彻邓小平南方谈话和党的十四大精神，全县上下形成了改革开放、发展经济的气氛。1992年5月，甘南县委、县政府召开了解放思想、深化改革动员大会，明确以"两转"为重点，从"三项制度"改革入手，大力深化企业产权制度改革。经县委、县政府研究决定，要进一步下放权力，扩大企业自主权，把企业推向市场，使之成为自主经营、自负盈亏、自我发展、自我约束的法人实体和市场竞争的主体及国有资产保值增值的承担体。在全县35家企业推行了"进档达标承包"，国合商业企业"四放活"改革由点到面逐步展开。平阳三级站改变传统三级批发经营模式，组建工业品市场，实行"大零售、小批发"的剥离式经营，职工包租柜台，成为个体户，为三级批发企业改革趟出了新路。

1992年6月，国务院发布《全民所有制工业转换经营机制条例》。同年12月，省政府发布了黑龙江省实施《条例》细则。甘南县政府认真贯彻国家、省、市的部署，于1993年制定了《企业产权制度改革实施方案》，在企业中推行。1994年，根据一年来企业改革的实践，又进一步修订了《甘南县深化企业产权制度改革实施方案》。《方案》对产权制度改革的指导思想和基本原则规定，明确了改革的具体目标和措施，并大刀阔斧地实施了企业产权制度改革。

甘南县企业产权制度改革的具体形式：①实行"嫁接"改造。主要是与国外企业、国内"三资"企业、省内外企业实行联合"嫁接"。通过引进设备、技术和管理经验，共同合作生产经营，或通过利用现有的生产产地，引入资金进行改造，共同合资合作。1994年，完成了甘南啤酒厂与齐齐哈尔啤酒厂的"嫁接"改造。1995年，又促成了甘南皮革厂、铝箔厂的"嫁接"改造。②公司改造。主要是对于符合产业政策、市场前景看好和行业特点较适于进行规模经营、集约经营的企业进行改造，组建有限责任公司。先后完成了甘南县制酒厂、甘南县乳品厂、甘南县塑编厂、甘南县生产资料公司、甘南县工具厂的改造工作。③股份合作制改造。对经济效益较好或暂时虽有一定困难但仍存转机的企业，进行股份合作制改造。其主要方式是通过改组和新建来进行。在原有4户企业完成股份合作制改造的基础上，又在五金批零公司、百货纺织批零公司、二建公司、铝材厂、天鹅商场、燃料公司、平阳生产资料站、房建公司完成了股份合作制改造。同时，对具备条件的乡镇企业也进行了股份合作制改造。④出售产权。对长期亏损、微利或国家不宜经营的企业，将其资产全部或部分出售给社会法人、自然人或企业内部职工。根据企业基础和购买方所承担义务的不同，产权出售采取保值出售、竞价出售、让价出售、零价出售等4种方式实施。⑤公有民营。是指把国家或集体企业的资产有偿租赁给个人经营。重点实施了国合商业零售企业的"柜台出租""整体出租"。供销系统企业的"租壳卖瓢"。物资系统8家公司及针织厂、服装厂、抗震工程队等企业的租赁经营，剥离经营。对于整体效益不好，局部效益较好的企业，将其效益好的部分单独分离，与原企业脱钩。⑥兼并。企业在自愿、互利、平等协商的条件下，实行跨地区、跨行业、跨所有制的兼并。县内企业兼并采取购买、承债和作价入股三种形式。⑦一企多制。在一个企业内部实行多种所有制形式、多种经营方式和多种管理体制。根据企业实际情况，在县农机修造厂、运输公司实施了一企多制的运行模式。⑧破产。对连续多年经营性亏损严重、资不抵债的企业，对其依法破产。甘南县塑料制品厂于1994年下半年依法破产。

为推进甘南县企业产权制度深入实施，甘南县组成由县级领导带队的五个工作组，深入实际，指导企业产权制度改革，使全县企业产权制度改革步伐不断加快。到1994年末，县属企业实施产权制度改革138户，占应改企业的78%。1996年，县政府加快了对国有企业产权制度改革步伐，出台了《甘南县小型企业改革实施方案》，并制定了一系列优惠政策，对一些市场状况较好的企业优先出售。到2000年底，有72户国有地方工业企业、18户国有商业企业实行了产权出售，变成了民营企业。实现国有资产退出3 200万元，卸掉企业债务1 600万元。同时，对企业职工进行了妥善安排，有480名职工得到经济补偿后与企业解除了劳动关系，有1 537名职工经培训后重新上岗，有4 200名职工通过自谋职业实现再就业。到2005年，甘南县原国有企业的9 898名职工领取了经济补偿金，与原企业解除了劳动关系。自此，这些国有企业职工改变了国有职工身份，成了社会自然人。有38户工业企业通过出售、承包等形式变为民营企业。

（三）大力发展民营、私营、个体经济

为推进个体私营经济发展，甘南县委、县政府认真贯彻执行国家、省、市关于发展非国有经济的重要指示，采取了一系列推进个体私营经济发展的措施。第一，进一步放宽政策，为个体私营经济的发展创造平等竞争环境。制定实施了《甘南县关于大力发展个体私营经济的若干规定》，明确：凡允许全民、集体、"三资"企业生产经营的行业、项目，只要个体工商业户和私营企业具备条件，都允许生产经营。除涉及国家控制的社会公共安全和人民健康的行业、项目外，其他许可证和专项审批不作为注册登记的前置条件。凡具备条件的，可直接到工商部门登记注册。第二，在培育和壮大新的经济生长点上大做文章。一是向个体工商业户拍卖"五荒"，拓宽农村发展空间。二是以产权制度改革为契机，大力引导、鼓励有条件的个体私营经济购买、承租小型国有工业企业。三是积极鼓励个体私营工商业向规模经营、股份合作制方向发展。四是鼓励个体私营经济发展外向型经济。五是鼓励国有、集体企业分流出来的职工和停产半停产企业的职工，加入个体私营经济的行列。第三，抓好农副产品批发市场和综合集贸市场的建设，逐步建立完善、统一、开放、门类齐全、布局合理、大中小型配套的县、乡、村三级市场网络。第四，加强和完善监督管理，促进个体私营经济健康发展。对"乱收费、乱摊派、乱集资"问题进行经常性检查，对不合理的收费项目坚决取消，对超标准收费坚决制止和纠正。第五，制定规划、明确责任、加强领导、狠抓落实，全力促进个体私营经济发展。经过全县上下的共同努力，个体私营经济取得了长足的发展。到1994年末，全县个体工商业户和从业人员分别发展到4 016户和4 994人，分别比1993年增长26.6%和14.5%；私营企业和从业人员分别

发展到8户和35人，分别比1993年增长60%和75%。全县个体工商业户和私营企业实现工商税及工商管理费640多万元。全县个体私营经济占全县国民生产总值的比重达到10.6%，比1993年提高了3.1个百分点。全县个体私营经济已经成为国民经济的重要组成部分，成为县域经济增长的最大动力来源。

（四）推进宏观调控体制配套改革

财政体制改革。根据中央统一部署，从1994年1月1日开始，甘南县将原来的财政包干体制改为分税财政管理体制。在抓好县级财税体制改革的同时，及时调整乡镇财政体制，调动乡镇政府当家理财的积极性。在新体制启动运行后，县政府采取超常规办法强化支出管理，确保财政收支平衡。

2000年，根据中共中央、国务院《关于进行农村税费改革试点工作的通知》精神，黑龙江省人民政府决定：甘南、呼兰两县为农村税费改革试点县。为此，甘南县成立了"农村税费改革领导小组"，制定了《甘南县农村税费改革工作实施方案》及有关乡镇机构改革、中小学布局调整、农民负担监督管理等19个改革配套措施文件。坚持以确保农民负担得到明显减轻、不反弹，确保乡镇机构和村级组织正常运转，确保农村义务教育经费正常需要为原则，做到三个取消：即取消现行乡村两级办学、计划生育、优抚、民兵训练、修建乡村道路等五项乡统筹费；取消农村教育集资等专门面向农民征收的行政事业性收费和政府性基金、集资；取消屠宰税。并逐步取消统一规定的义务工和劳动积累工，从2000年起每年取消三分之一。两项调整：调整农业税政策，农业税按照农作物的常年产量和规定的税率依法征收，常年产量按照各乡镇1997年前5年农作物的平均产量确定，将原农业税附加并入新的农业税。甘南县新的农业税率统一定为6.5%。调整农业特产税政策，制定了《甘南县农业特产税实施办法》，甘南县农业特产税率定在10%至20%之间。一项改革：改革村提留征收和实施办法。通过农村税费改革，进一步减轻了农民负担，规范了农村收费行为，改革前后对比农民负担下降幅度为26.8%。

2008年至2010年，甘南县按照省、市部署，实施了财政部门预算编制改革，强化了财政预算约束力，深化了国库集中支付改革，县直各部门全部纳入国库集中支付管理。进一步推进乡镇财政管理体制改革，完善了"乡财乡用县监管""村财村理乡代管"管理制度。2013年，进一步细化部门预算编制内容，全面推进部门预算改革，对全县185个部门进行国库集中支付改革，改革面达100%。2015年制定了甘南县部门预算、行政事业单位基本支出、项目支出等管理办法及部门预算编制操作程序，完成财政集中支付系统升级改造，实现财政部门与县直预算单位的网络连接。

税务体制改革。为了深化工商税制改革，1994年8月，甘南县按照国务院办公厅的部署，对国、地税进行了分设，成立甘南县国家税务局、甘南县地方税务局。2016年5月1日起，经国务院批准，全面推开营改增。甘南县将"营改增"扩围工作作为2016年的首要政治任务和头等大事，努力打造"营改增"效应机制。一是强化组织保障。成立"营改增"领导小组，准确把握上级精神，在确保工作日正常进度的前提下，发挥"白+黑""5+2"的精神，抢前抓早完成上级部署的工作任务。二是强化执行到位。县税务部门参照《方案》的工作进度安排，明确分工，强化协作，确保"营改增"基础准备工作按时完成。三是强化思维创新。整合各方资源，利用软件服务公司为"营改增"纳税人培训升级版发票操作知识，为纳税人节省了时间和成本，有效地提升了工作效率。四是强化服务宗旨。对纳税人开展业务培训。开设"营改增"绿色通道和代开发票专门窗口。全力打好"开好票""报好税""分析好""改进好"四大战役。经过积极工作，全面完成了1 750户纳税人各环节的工作任务，确保了"营改增"试点改革的全面落地。2016年，四大行业试点纳税人入库税款3 372万元，减税2 417万元，税负下降41.74%，纳税人减负效应明显。按照国家税务局总局关于国地税征管体制改革工作部署，2018年7月20日，国家税务总局甘南税务局正式成立。原甘南县根据税务局和原甘南县地方税务局合并，承担全县各项税收、社保费、非税收入征管等职责。2018年，共组织各项税费收入63 778万元。

金融体制改革。随着改革开放的步伐加快和社会主义市场经济体制的逐步建立完善，金融部门重点推进了人民银行职能向政策指导、金融监督、监测方面转换，各专业银行向商业化转变的改革。1994年以来，人民银行甘南县支行的工作重点转变到继续执行稳健的货币政策，努力防范系统性金融风险上来。1995年，《商业银行法》颁布以后，建设银行、工商银行逐步转变了原来的职能，向商业银行继续过度。1996年以来，建设银行甘南县支行按照上级机构改革精神，制定了"甘南支行五定方案"，精简了机关，压缩了人员。2004年，中国建设银行经国务院同意并由中国银行监督管理委员会批准，成立中国建设银行股份有限公司，建设银行甘南县支行为其分支机构，在授权内合法经营。2005年，工商银行甘南县支行按照总行的决策部署，在制度、流程、组织、人员等方面开展工作，完成了不良贷款核销和剥离工作，完成了业务流程整合。根据国务院《关于金融体制改革的决定》，农业银行的政策性业务分离给农业发展银行，农业银行逐步成为商业银行。农业银行甘南支行不断加快改革步伐，实施了优化人员网点结构、优化产业结构、优化财务收支结构等一系列改革措施，逐步按现代企业制度建立和完善了银行制度和管理体制。1996年11月，按照中国人民银行《关于设立中国农业发展银行分支机构的批复》，甘南县成立了农业发展银行甘南支行，为农村政策性金融机构，承担着甘南县8个国有粮食购销企业及全县农业综合开发贷款发放和管理。同年，根据国务院《关于金融体制改革的决定》，甘南县农村信用合作社联合社从中国农业银行甘南支行分离出来，独立经营。1996年，甘南县农村信用合作社联合社进一步深化改革，成立了齐齐哈尔市第一家县级股份制农村商业银行。

计划投资体制改革。甘南县按照国家、省、市的部署，实施计划管理体制的改革。逐步下放计划管理的决策权限，扩大企业生产经营计划的自主权；放宽基本建设、技术改造项目的商品权限；放宽对部门、企业自筹投资的计划管理权限；简化部门、企事业单位基建项目的审批手续。1985年以后，县政府和计划部门将计划调整为指令性计划和指导性计划，并采取措施缩小指令性计划的范围。从1993年开始，随着经济体制改革和逐步建立社会主义市场经济体制的需要，计划全部调整为指导性计划。同时，改革了计划形式，把中长期计划的重点转为确定重大建设项目和经济发展的政策取向上，并把非国有经济纳入中长期计划中。2015年，甘南县按照上级行政审批制度改革的总体部署和要求，进一步规范工作程序，简化办事流程，提高办事效率，优化经济环境。根据省发改委下放审批、核准权限的实际情况，积极主动加强工作衔接和互动。对行政审批事项进行逐项审核清理，分别提出取消、调整和保留的意见。对于取消核准事项，按照产业政策和发展规划相关要求做好项目备案和后续监管工作；对于下放审批事项，正确到位地行使下放或委托的行政审批权力；对于精简办理事项，按照简化环节、优化流程后的相关要求做好对接工作，确保下放的权力接得住、管得好。结合行政审批体制改革新政策，区别不同投资项目行业特点，精简审批程序，缩短审批时限。审批、核准由20个工作日缩短为7个工作日，精简65%；备案由15个工作日缩短为2个工作日，精简87%。在项目审批中，坚持"急事急办，特事特办，随来随办"的原则，凡涉及发展县域经济的项目，一律对其开通行政审批"绿色通道"，有力地推进了项目建设进行。

社会保障制度改革。1990年以后，随着经济体制和企业经营机制的改变，县委、县政府采取有效措施，不断完善了社会保险体系。1986年7月，成立了甘南县社会劳动保险公司，负责全县国营企业职工退休费社会统筹；机关、企事业单位国营劳动合同制工人养老保险；退（离）休、退职职工管理服务工作。1987年11月，经县政府常务会议讨论通过，颁布了《甘南县国营企业职工退休费统筹暂行办法实施细则》。1996年4月，甘南县政府根据国务院《关于深化企业职工养老保险制度改革的通知》精神，下发了《甘南县人民政府关于印发甘南县加强城镇职工基本养老保险金收缴的暂行规定的通知》，并召开了全县深化城镇企业职工养老保险制度改革会议，会议明确了城镇职工基本养老保险金实行社会统筹与个人账户相结合的新办法。同时，扩大了养老保险的层面，基本养老的范围包括各类企业的所有职工，以及城镇个体工商户和自由职业者。到2018年末，全县参加基本养老保险的职工达到26 647人，企业养老保险基金收入70 206万元，机关事业单位基本养老保险金收入14 416万元。支出企业养老保险基金收入70 206万元，支出机关事业单位基本养老保险金收入15 692万元，支出城乡居民养老保险金5 070万元。同时，建立了失业保险制度，进一步规范了失业保险工作，提高了管理和服务水平。通过积极的劳动力市场政策，引导失业人员尽快实现再就业，及时为失业人员提供有针对性的就业服务。2001年7月，甘南县人民政府贯彻国务院颁布的《关于建立城镇职工基本医疗保险制度的决定》，成立了甘南县医疗保险中心，印发了《甘南县人民政府关于印发甘南县城镇职工基本医疗保险实施细则》。医疗保险体系建设突破了长期以来作为国有企业改革配套措施的局限，医疗保险制度的覆盖面迅速扩大。到2018年，全县参加城镇职工基本医疗保险22 744人，参加城乡居民基本医疗保险227 085人。

从1999年4月开始，县委、县政府实施城乡居民最低生活保障制度。对那些没有生活来源。没有自立能力的特殊困难群体实行生活救助。在普查的基础上，将全县城乡6 553人纳入最低生活保障范围。2005年，又增加了对农村特困户救助、农村五保供养、农村医疗救助、六十年代精简下放人员生活补助以及未参保集体企业退休人员按当地低保标准发放生活费等项内容，扩大了救助范围，使更多的困难弱势群体获得了党和政府的关怀和社会的关爱。截止2018年底，全县已累计发放最低保障资金2 949.57万元。2006年，农村低保工作正式启动。到2018年，已累计发放农村低保资金2 838.39万元，使10 700户的13 638名村民直接受益。

（五）推进行政体制和机构改革

行政管理体制改革。甘南县人民政府按照党的十四大提出的"要下决心进行行政管理体制和机构改革，切实做到转变职能，理顺关系，精兵简政，提高效率"的要求，积极稳妥地推行了行政管理体制改革。同时，本着"精简、统一、效能"的原则，开展了党政机关机构改革。1992年6月，对县直党政机关、事业单位人员编制在原有基础上精简15%，共减少行政编制127人、事业编制288人。1996年，为适应建立和发展社会主义市场经济的需要，开展了县直党政机构改革，全县党政机构由原来的57个减少到31个，精简45.6%，并采取各种形式分流221人。2003年，按照市委、市政府关于事业单位改革工作的总体要求，制定了《甘南县事业单位改革方案》等政策性文件，开展了事业单位改革。全县事业单位机构精简38.2%、精简编制16.3%、精减人员23.2%。2010年，根据黑龙江省机构编制委员会《关于印发〈甘南县人民政府机构改革方案〉的通知》精神，甘南县开展了机构改革工作，设置政府工作部门23个、挂牌机构5个，其中新组建机构6个、名称变更机构4个。2011年，为全面梳理部门职能，合理配置宏观调控部门职能，甘南县组织实施了县政府机构改革评估。对10个副科级以上承担行政职能的事业单位其行政职能进行了剥离，划转给行政机构。改革中，共梳理了县政府工作部门职能248项，其中保留职能165项、增加职能19项，调整职能35项，加强职能29项。

推行国家公务员制度。2007年，甘南县根据《黑龙江省贯彻〈中华人民共和国公务员法〉实施方案》的要求，开展了国家公务员登记工作。认真查阅了甘南县公务员过渡名册、干部人事档案、编制手册等材料，对全县政府机关工作人员的情况进行了详细的调查核实，进一步掌握了全县政府机关的人员情况。2009年以来，建立了公务员日常登记办法，完善了公务员数据库，建立了动态管理机制。加强了公务员考核工作，开展了公务员通用能力、行政理论、公务员处分条例、突发事件应对和职业道德培训工作。开展了公务员考核上岗、岗前培训、工资核定等工作。国家公务员制度全面实施。

第二节　加快发展国民经济和社会事业

（一）农业强县战略成效显著

改革开放以来。甘南县农村改革经历了推行家庭联产承包责任制，改革农产品统派统购制度、调整农村产业结构阶段，甘南县农村经济体制已由垂直型单一的乡村经济体制转换为网络型、多层次、多形式的社会主义合作经济新体制；达到了县、乡、村、屯、联合体、个体六个经济层次一齐上，农、林、牧、副、渔、工、商、运、建、服十个轮子一起转的经济运行新格局，农村的商品经济有了长足发展。党的十四大召开后，甘南县从县域经济实际出发，在1993年县委工作会议上确定发展"两优一高"农业的思路。党的十六大以来，甘南县坚持用现代农业统领农村发展，紧紧围绕加快农业产业化进程，大力推进龙头企业规模化、生产基地集约化、为农服务组织化、市场营销品牌化和基础建设经常化，加快发展葵花、奶牛、玉米、生猪四大优势产业，有力促进了农业增效和农民增收，拉动了县域经济又好又快发展。2018年，全县粮豆薯总产实现117.9吨，比1990年增长3.1%；农业总产值实现521 404万元。甘南县连续五年被评为"全国粮食生产先进县"。

努力调整结构，大力发展现代农业。甘南县依托自然优势、生产优势、技术优势、产业优势、品牌优势，大力调整种植结构。一是落实惠农政策促进调整。坚持对规模种植中草药企业、合作社以及大户进行经济补贴，扩大"北药"种植面积。对规模种植葵花的农户进行经济补贴，促进了葵花恢复性生产，全县葵花种植面积恢复到12万亩。支持兴十四杂粮示范基地建设，引领杂粮、杂豆、马铃薯种植面积大幅度增加。二是围绕市场需求进行调整。积极应对市场变化，调结构、降成本、增效益。针对甘南县水资源条件好、水稻生产比较效益高、东北大米深受市场欢迎的实际，采取对新开发水田实行补助的办法，推进水田发展，2018年，全县水田总面积发展到96.4万亩。立足甘南县距齐齐哈尔较近的优势，围绕中心城市瓜果蔬菜需求，发挥兴十四村果蔬基地带动作用，发展瓜果蔬菜面积6万亩。积极推进"互联网+农业"经营模式，充分利用"兴村网""甘南商城"等电商平台，瞄准高端市场，从而有效地推进了种植业结构调整进程。三是依托龙头企业牵动调整。坚持把依托龙头企业作为推进种植业结构调整的重要基础，通过统一规划，区域布局，增加投入，提高标准，发展集约经营、规模发展的农畜产品生产基地。依托洽洽知心仁公司，采取优先提供贷款、实施良种补贴、增加科技投入、科学合理轮作等综合措施，规模推进葵花生产基地建设。依托首农、霁朗等粮食加工企业，通过实行信贷倾斜，发放良种补贴，加大科技投入，选用优良品种，推广高产栽培技术，推进集约连片种植等措施，使全县优质玉米生产基地扩大到120万亩。引进海皇食品（天津）有限公司，投资2.1亿元的马铃薯食品加工项目，拉动了全县马铃薯种植。四是传递市场信息引导调整。利用各种会议及各种媒体广泛宣传农产品的综合市场价格和供需情况。对粮油18个品种、果蔬36个品种的价格每周一、三、五通过各种媒体传送给农民，并在黑龙江农业信息网和甘南网上发布，发布量达万次。通过传达信息，引导农户进一步优化种植结构，提高种植效益。

坚持质量并举，促进牧业整体升级。进入21世纪以来，甘南县以龙头企业为牵动，以标准化、规模化、科学化养殖为方向，推动畜牧业加快发展，努力将其培育成为振兴发展的战略性产业。一是培育主导产业。甘南县坚持以发展养殖园区、辟建养殖基地为重点，突出发展以奶牛、优质商品猪为主的畜牧业生产，全力推进规模化养殖。依托草场资源面积大、作物秸秆产量多、奶牛养殖基础好的优势，以及地处世界奶牛养殖带之一和我国奶业优势区域范围内的区位条件，采取政策推动、信贷拉动、龙头牵动和服务促动等措施，坚持购、改、繁、引相结合的原则，加快扩张奶牛存栏总量。坚持把完善服务体系作为推进奶牛产业的桥梁纽带，加快建立社会化服务体系，提高奶牛产业的组织化水平。全县10个乡镇、95个行政村都建立了兽医站和兽医室，奶牛冻配站点达到80个，奶牛优质冻精配种率达到100%，奶牛品质得到进一步提高。同时，依托飞鹤（甘南）乳业和飞鹤（甘南）欧美国际示范牧场等企业的牵动，抓好标准化规模牧场、养殖小区建设，推动奶牛业发展由分散饲养向规模养殖转变、由传统喂养向科学饲养转变、由低水平总量扩张向高水平质量提升转变。现已初步形成了以龙头企业带基地，基地带农户的产业化经营模式，有力地推动了奶牛产业快速发展。围绕台北嘉一香、草原宏发等畜禽屠宰加工项目，采取公司+农户模式，坚持多渠道筹资、多元化建设、多形式合作，扩大生猪、黄肉牛、肉羊养殖规模。以嘉一香食品公司为依托，积极推广"公司+农户"养殖模式和亿康园"五统一"管理模式，带动4 000户农户从事生猪养殖。积极兑现新建规模养殖场补助政策，加大技术指导力度，强化与龙头企业合作，提高优质商品猪出栏量。落实"和牛"改良补贴，全年改良"和牛"1 000头以上。大力推进肉牛规模养殖和山绵羊舍饲技术，加强协会、中介等组织建设，强化产、加、销以及技术支撑的有效衔接，提升畜牧业发展质量。二是强化组织服务。在推动畜牧业快速发展的过程中，县委、县政府把服务放在重要位置。健全完善了各级领导干部抓产业化的责任制，实行一个产业一个领导，一套班子一抓到底，在良种选育、技术推广、资金扶持上提供优质服务。按照强化公益性、灵活经营性、引导非营利性的原则，鼓励创办农村专业合作组织，养殖专业合作社发展到73个。甘南镇欢喜村牲畜交易市场加强管理，年交易量超过20万头，年交易额达8亿元，畅通了畜产品交易渠道。大力实施科技战略，不断提高畜牧业养殖标准。大力推广奶牛冻精技术，奶牛最高单产达到8吨。进一步规范生猪饲养直线育肥技术，生猪出栏周期平均缩短20天。采取供应优质冻精、实施胚胎移植、引进优质种畜和去势非种用公畜等有效方式，提高畜禽品质和群体质量。通过一系列有效措施，促进了畜牧业快速发展。截止到2018年末，全县奶牛存栏10.6万头，比1990年增长8%；黄肉牛出栏1.1万头，比1990年增长51%；生猪出栏25.7万头，比1990年增长286%；山绵羊出栏15.0万只，比1990年增长193%；家禽出栏124.3万只，比1990年增长136%。甘南县被评为"全省畜牧生产先进县"。

坚持规范发展，培育多元服务主体。甘南县把完善服务体系作为推进农业产业化和发展现代农业的桥梁纽带，加快建立社会化服务体系，切实提高了农业生产的组织化水平。一是发展农村集体经济的新型实体。甘南县认真贯彻《中华人民共和国农民专业合作社法》，扶持引导农民组建专业合作社、产业协会等各类合作组织，使新型经营主体得到有序发展。形成了一定的发展规模。截至2018年底，全县共组建并运营的各类运营专业合作社242个，其中：种植专业合作社154个，养殖专业合作社73个，农机服务专业合作社15个。入社农户4 810户，入社耕地面积18万亩，辐射带动农户5 050户，辐射带动耕地面积19.5万亩。加强了农民专业合作社规范建设。截至目前，有国家级示范社2个、省级示范社7个、市级示范社 16个。二是抓好农业社会化服务体系创新。依托县农产品质量安全检验检测站建设，组建了农产品质量安全检验检测中心，为全县种植业经营主体和广大农户提供农产品检测服务。依托齐齐哈尔市嘉一香食品有限公司屠宰加工厂的病死生猪无害化处理项目，组建了病死畜禽无害化处理中心。以10~20公里为半径，将畜禽养殖密集区的病死畜禽集中统一收集，进行无害化处理。依托黑龙江兴十四信息科技服务有限公司建设项目，完善农村经济发展综合服务体系，围绕"互联网+现代农业"这一核心，建设便民服务、农村电子村务、农务和商务服务平台，实现全县三级政务公开，提升电子商务发展水平，推动农村信息化建设水平。依托全县10个畜牧兽医服务公司建设项目，通过政府购买公共服务的方式，成立县畜牧兽医服务协会，建设10个乡镇畜牧兽医服务站，面向全县养殖户开展技术推广、疫病防控和畜产品安全监管等11项服务。三是强化为农服务职能。健全完善各级领导干部抓产业化责任制，农业和畜牧部门加大良种引进、繁育、试验和推广力度，加速普及推广先进适用技术，提高了种养业的质量和效益。金融部门积极调整信贷结构，不断扩大农贷规模，为奶牛等优势产业发展提供了有力的资金支持。农机部门加快建立新型农机服务体系，为农民提供了优质高效的服务。在全县上下形成了齐心协力推进产业化、千方百计服务产业化的良好工作局面。

开展科技创新，发展绿色有机农业。甘南县围绕建设绿色有机食品基地县，大力开展科技创新，发展有机、绿色、无公害作物种植，推进农业向高效化、品牌化发展。一是搞好科研技术开发。加快推进农业科研成果向现实生产力转化。充分利用甘南县向日葵研究所的科研优势，开发具有自主知识产权的"甘葵"系列优质食用葵花品种，自主研发的"甘葵"2号、3号被纳入国家"星火计划"，已经成熟定型并大面积推广，品种畅销内蒙古和东北葵花主产区。2016年，在综合试验站区域内开展新品种、新技术配套的高产栽培技术研究。新育成的向日葵新品种"甘育6号"已经连续3年参加黑龙江省食用型向日葵生产试验，均比对照增产10%以上，为产业发展奠定了基础。从2010年以来，围绕玉米、大豆、水稻、葵花、杂粮等五大主要栽培作物，引进玉米地膜膜下多孔出流灌、大豆精量点播和"垄三栽培"、水稻大中

棚育秧、葵花175公斤模式化、赤眼蜂防治葵螟、杂粮杂豆模式化栽培等10项高产栽培新技术，取得了大面积丰收。2018年，共落实省、市试验、示范项目18项，面积1 200亩；自拟试验、示范项目5项，面积180亩。二是落实有机高端农产品基地。结合种植业结构调整，甘南县选择具有县域经济特色的水稻和谷子两个品种，在具有有机食品生产基础的兴塔水稻种植专业合作社和红古杂粮种植专业合作社建设有机高端农产品基地，每个品种面积2 000亩。两个合作社都已经取得了有机食品认证。新建有机高端农产品基地已与农业物联网实行有机结合，建立了质量溯源系统，产出的产品能够优先上线销售，走电子商务销售模式。三是发展绿色有机农业。全县落实无公害生产基地224.14万亩，无公害农产品生产已实现整县推进。重点打造兴十四村有机食品专业村和兴塔村绿色食品专业村。按照绿色食品生产标准开展种植。2013年，甘南县被国家绿色食品发展中心确定为全国绿色食品标准化生产基地。截至目前，全县有机产品认证数量达到29个，有机食品基地面积发展到1.25万亩；绿色食品标志认证数量达到39个，绿色食品基地面积发展到74.8万亩，经中国绿色食品发展中心认定的绿色食品葵花基地面积50万亩；无公害农产品认证数量达到40个，无公害农产品产地总面积达到259.83万亩，辐射全县10各乡镇。全县有绿色食品企业9家，认证绿色食品标志49个，基地面积23.6万亩；现有有机食品企业4家，认证有机产品49个，基地面积1.35万亩。甘南小米、甘南葵花子两个产品获得地理标志登记产品称号，地理标志登记保护范围55万亩。

增加农业投入、加强基础设施建设。1996年，甘南县被确定为国家节水灌溉重点县。以此为契机，甘南县委、县政府大力发展节水灌溉。首先在音河镇兴全村建立了节水抗旱示范站，新建各类节水灌溉工程140处，建日光节能温室2处，引进韩国高科技大棚1栋，对大中小型及卷盘式喷灌模式进行了对比实验，找到了适合我县推广、当地农民的欢迎和认可的先进喷灌模式。县委、县政府多次召开节水灌溉现场会、推进会、演示会和大田喷灌博览会，积极进行宣传引导，抓好扶持服务。成立了节水灌溉技术服务中心，负责技术推广和设备组装、调试、维修等工作。成立了喷灌设备制造厂，在10个乡镇相继设立了喷灌物资供应点，以低于外地市场价格10%左右让利给农户。加大了资金筹措力度，1996年到2000年间，共争取国家节水抗旱资金2 000万元，争取银行信贷支持5 000万元，全县累计用于节水灌溉资金达1.3亿元，全县节水灌溉面积增加到100万亩，建设速度和规模创造了当时两项全国之最。到2009年，全县节水灌溉面积已发展到150万亩，平原地区基本实现了节水灌溉全覆盖。甘南县节水灌溉工作成果先后得到了国家、省、市各级领导的肯定，国务院总理温家宝曾在时任水利部部长翟浩辉的报告上批示："甘南县发展节水灌溉的经验与做法值得全国各地学习借鉴。"中央及各地市新闻媒体也先后对甘南县节水灌溉先进经验进行了宣传报道。全国节水灌溉现场会在甘南县召开，甘南获得了"全国节水灌溉示范县"荣誉称号。2010年以来，甘南县全面加强水利工程建设，坚持以抗旱、节水灌溉和水田发展为重点，开展农田水利基础设施建设。加强水土保持，构筑生态环境和谐发展，建立抗旱防汛保障体系、生态建设体系、农田水利建设体系。2018年，全县水田总面积发展到96.4万亩。

甘南县有大小荒山360座，主要分布在甘南西部、北部和东北部，每到汛期洪水顺山下泄造成大量农田被淹。1994年，县委、县政府做出加快荒山绿化的决定，当年绿化荒山144座，绿化面积3.5万亩，栽植樟子松容器袋苗1 500多万株。1996年至2000年，绿化荒山142座，面积24 048亩。沿嫩江边栽植了带宽

50米的防浪林，在"三河"沿岸边和水库堤坝栽植20米带宽的护堤林、护渠林，共营造水土保持林和涵养林10.8万亩，其中，江河治理造林8.5万亩。甘南县被国家列为"三北防护林重点县"后，在县委、县政府的领导下，全县上下掀起了植树造林热潮。"三北"防护林建设发挥了巨大的生态效益、社会效益和经济效益，庇护农田230万亩，控制水土流失78万亩，治理沙化土地31万亩。全县95个行政村已全部实现绿化达标，绿化面积3.4万亩。2006年以来，为适应社会主义新农村建设的需要，又把全县10个乡镇的村、屯和两处国有林场列为示范屯，进行升级改造。投入苗木资金56万元，加速了村屯"四旁"绿化。并在国家重点文物保护遗址金长城南侧营造起了全长303.72华里、5 000多亩面积的省界边堡林。在造林绿化工作中，甘南县涌现出一批国家及省造林绿化先进典型。音河镇荣获"全国造林绿化百佳乡称号"；中兴乡兴久村和长山乡长征村荣获"全国造林绿化千家村"荣誉称号。音河镇兴十四村荣获"全国绿色小康村"称号。甘南县也多次被省、市授予"造林绿化先进县"荣誉称号。

搞好统筹规划，推进农村三产融合。甘南县牢固树立创新、协调、绿色、开放、共享的发展理念，把推进农村产业融合发展摆上重要议事日程。在推进三产融合中，甘南县紧紧抓住农业产业化经营不放松，调整优化农业种植结构，促进粮食、经济作物、饲草料三元种植结构协调发展。坚持"围绕农业抓工业，围绕项目上产业"发展思路，全力打造绿色食品的深加工基地，紧紧围绕"乳、肉、酒、葵花"四个主导产业，"节能环保、文化旅游、中草药、马铃薯、养老、食品加工、现代物流"七个重点产业，加快产业化龙头企业建设，支持龙头企业发挥引领示范作用，推进农村一、二、三产业融合发展。以飞鹤乳业、齐齐哈尔市嘉一香食品有限公司为龙头，建设养殖业农产品加工链。以黑龙江鹤城酒业有限公司、金身公司为龙头，建设种植业农产品加工链。以汇荷食品有限公司、鹤祥春中药饮片有限公司、洽洽食品有限公司为龙头，发展特色农产品加工链。同时，注重一、三产业交叉融合，推进农业与文化产业、旅游观光、现代物流等产业深度融合。在巩固兴十四村国家农业旅游观光点的基础上，扶持发展音河旅游风景区、兴鲜村朝鲜风情度假旅游区，带动生态农业、有机农业、农家乐、采摘园、特色农业等农业生产及服务性行业发展。以淘宝网特色中国地方馆甘南馆为载体，依托农业物联网、电子商务等新业态，建立了集农产品供求信息发布、网上交易、产品展示等为一体的现代农产品物流产业。依托齐齐哈尔营港宏通物流有限公司，打造营口港甘南内陆港项目，积极发展农产品产地处理、农产品流通运输等业务。依托兴十四乡村学院建设农民培训平台，为产业融合发展提供人才支持。

甘南县认真探索一、二、三产业融合发展模式，积极打造三产融合样板。甘南县兴十四村通过发展现代化大农业，依靠科技发展农产品精深加工，提高农产品附加值，实现产业化，吸纳剩余劳动力，带动旅游等第三产业，实现一、二、三产业有机融合，协调发展。实现了农业现代化、新型工业化、农村经济多元化、农村城镇化和信息化，全村各项工作取得丰硕成果。2016年兴十四村总资产达到23.84亿元，总收入实现21.41亿元，年人均纯收入实现7.68万元。兴十四村农村经济发展推动了产城融合。2011年，经黑龙江省政府批准，将甘南县音河镇政府迁至兴十四村，更名为兴十四镇，实现了兴十四村城镇化发展的历史性跨越。农业现代化与二、三产业的协调发展和小城镇建设步伐的不断加快，有效带动了村民从"农村人"向"城市人"的身份转变，兴十四村的人口吸纳功能开始显现，现在全村的人口已经由2 000多人迅速扩大到1.1万多人。新建村民公寓楼30栋，商业服务一条街现已投入使用。2016年，兴十四村被评选为第一批中国特色小镇。2018年被列为首批国家农村产业融合发展示范园。

（二）工业经济在结构调整中发展

甘南工业从"二元结构"到"多元结构"，从计划经济走向市场经济，历经体制、机制、产权制度改革，几经风雨，终于走出困境，踏上了工业发展的快车道。

优化经济发展环境，加快招商引资步伐。甘南县认真贯彻落实党的十四大精神，抓住机遇，放开手脚，积极发展外向型经济，推进工业经济发展。先后在厦门、绥芬河、大连、满洲里等地设立了办事机构，招商引资，借船出海。1992年，县橡胶厂与台湾耐圣企业有限公司合资成立了黑龙江龙圣鞋业有限公司，产品由单一的橡胶鞋增加到胶鞋、布鞋、旅游鞋等30多个品种。1993年，县鞋帽厂与天津飞龙公司合资成立了甘南裕龙畜产品有限责任公司，生产剪绒床毯、地毯、壁画，打入日本市场。1996年，甘南县啤酒厂与齐齐哈尔啤酒厂实行联营联牌，吸纳资金150万元，县投入资金730万元，使啤酒产量由4 000吨提高到10 000吨。1997年，县生产资料公司与南京江浦磷肥厂实行联合，成立了南京江浦磷肥厂甘南分厂，生产并销售农用复合肥。县农机公司在与富锦拖拉机厂联营的基础上，于1998年成立了龙丰集团。生产"龙丰"牌农用拖拉机，年最大生产能力达3万台，产品销往全国20多个省、市、自治区，成为甘南县当时的立县企业。

2002年12月23日，甘南县委召开了十一届86次常委会，通过了《中共甘南县委员会、甘南县人民政府关于实施兴工强县战略的决定》和《甘南县招商引资2003年实施方案》。同时，印发了《甘南县对县级党政班子成员和乡镇领导"抓招商、上项目、促发展"业绩考核实施办法》，实行透过项目看干部、评价项目用干部，抓不好项目换干部的干部使用机制，把抓招商上项目工作实绩与干部考核使用挂钩。认真落实招商引资优惠政策，对一些重大招商项目和特殊事项，实行急事急办，特事特办，一路绿灯。实行一条龙服务和一站式办公，简化审批程序，提高办事效率，做到一门受理，并联审批，一口收费，限时办结，为投资者提供方便快捷优质高效服务。对引进新上项目在建设用地、规费收缴以及水、电等方面实行优惠。从而，在全县上下形成了齐心协力抓招商上项目的态势，推动了招商引资工作富有成效地展开。

2005年8月10日，甘南县委办、政府办印发了《甘南县优化经济发展环境实施方案》，深化行政审批制度改革，推行政务公开。在全县各窗口单位开展端正行风政风，优化发展环境"最佳最差"单位评议活动，为企业发展保驾护航。2005年，全县共引进招商引资项目59项，实际到位资金5.739亿元。工业经济实现新增长，全县工业总产值实现，51 054万元，是2000年的1.85倍；产品销售收入实现52 044万元，是2000年的1.38倍；实现利税6 112万元，是2000年的2.7倍；实缴税金2 467万元，是2000年的2.8倍。2006年，全县共引进招商引资项目41项，实际到位资金7.5亿元。2007年全县共接待国内外客商265人次，洽谈合资合作项目140项，其中已签约并投产运作的国内横联项目54项，实际到位资金12.1亿元、外资2 000万美元。

加强工业园区建设，构筑产业发展平台。2005年，甘南县利用县城周边闲置国有土地面积大、生态环境好及兴十四村土地连片集中的有利条件，建设了占地面积53平方公里、布局合理、配套完善、服务优质、管理高效的两个工作园区。

甘南生态工业园区距县城2公里，占地23平方公里。G10高速路、拉甘公路纵横贯穿园区内，交通十分便利。园区设计功能为绿色食品加工、仓储物流、综合办公及科技研发等。园区辟建以来，先后有：飞鹤（甘南）乳品有限公司、甘南洽洽食品有限公司、齐齐哈尔市嘉一香食品有限公司、甘南县草原宏发食品有限公司、黑龙江百川农牧机械制造有限责任公司、奥瑞金（甘南）包装有限公司、黑龙江卓沃机械科技有限公司、黑龙江龙浴肥业有限责任公司、甘南县鹤之缘食品有限责任公司、甘南县洪晟源米业有限公司、甘南县方正蜂业有限公司、黑龙江中储粮甘南县直属库、齐齐哈尔华龙矿泉饮品有限公司、齐齐哈尔营港宏通物流有限公司、黑龙江祥淳纸业有限公司等企业入驻。甘南县工业园区为省级工业示范区，享受省级开发园政策。

中国富华国际生态产业园于2005年5月10日正式成立，是集高科技产业、农畜产品精深加工业、现代物流业、生态旅游为一体的生态产业园区。当年入园项目有：150万吨玉米深加工、三精富华制药、生物饲养吉本庄牧业、甜蜜素、柠檬酸等项目。当年该园实现产值39 136万元、收入47 836万元、利润6 030万元。后又有：黑龙江维诺生物技术有限公司、黑龙江省甘南兴十四大煎饼厂、黑龙江富华科技公司、黑龙江富华米业公司、黑龙江（兴十四）农业示范区、齐齐哈尔市科为博生物科技公司、黑龙江富华农机合作社、黑龙江富华生物药业有限公司、黑龙江龙头岭有机肥料有限公司等企业入驻园区。

在甘南工业园区的建设中，甘南县领导经常深入施工现场，解决实际困难。县直各部门紧密配合，对入园企业在税费收缴、建设用地、劳务用工等方面给予重点扶持。通过向上争取、政府出资等方式，先后投资7 000万元，建设工业园区道路6.8公里、雨水管线13.6公里、排污管线17.6公里、35千伏变电站1处。使厂区达到了"七通一平"，从而完善了园区功能。为促进产业集群发展构筑了平台，开辟了甘南工业发展的新天地。

　　依托县域资源优势，大力发展骨干企业。甘南县依托县域产业优势和资源优势，坚持把上大项目、培育龙头企业作为经济工作的重中之重来抓，通过加强服务、政策扶持、科技创新等措施，扩张企业规模，提升企业实力，推动工业经济科学跨越发展。

　　为了发挥甘南县"中国向日葵之乡"这一资源优势，发展葵花产业，甘南县委、县政府抓住机遇，开展招商，与内蒙古知心仁集团达成合作协议。甘南县委书记带领有关部门联合办公，简化手续，全方位大开绿灯。从双方接触到签订协议仅仅用了不到一个月时间，内蒙古知心仁集团就决定投资6.1亿元、建设年加工10万吨的葵花产业园项目。为了把葵花产业做大做强，甘南县又五访安徽、内蒙古。2006年8月，又成功促成了知心仁集团与全国500强企业安徽恰恰集团实现了嫁接，组建了"黑龙江洽洽知心仁食品有限公司"，从而促进了甘南葵花加工产业跨越式发展。到2012年，洽洽食品公司4条生产线全部满负荷生产，累计加工香瓜子52 841吨，实缴税金4 687.58万元。2016年，黑龙江洽洽知心仁食品有限公司销售业绩跃升至洽洽集团分公司第一名。

　　甘南县依托奶牛发展迅速，鲜奶产量逐年增加的资源优势，2007年，引进飞鹤乳业进驻甘南，组建飞鹤（甘南）乳品有限公司，成为甘南县又一依托资源优势的骨干企业。飞鹤（甘南）乳品有限公司一期工程于2007年底建设完成。2008年加工鲜奶6.5万吨，实缴税金1 673万元。到2010年累计加工鲜奶17.4万吨，实现产值16.8亿元，实缴税金1亿元，成为甘南县第一纳税大户。2011年，飞鹤（甘南）乳品有限公司二期工程建成投产，累计加工鲜奶21.9万吨，实缴税金1.42亿元。为了满足奶源需求，投资3亿元，新建了飞鹤（甘南）欧美国际万头示范牧场，带动了县域内奶牛养殖的迅速发展。2016年，飞鹤（甘南）乳品有限公司加工鲜奶10万吨，实缴税金1.6亿元。2017年加工鲜奶13万吨，实缴税金2.5亿元。

黑龙江鹤城酒业有限公司是甘南县的老工业企业，在改革开放中不断发展壮大完善，焕发出蓬勃的生机和活力，规模不断扩大，品种不断增加，效益大幅攀升，产品销售覆盖河北、山东、河南、江苏、湖南、福建、四川、天津、内蒙古、辽宁等二十几个省市。鹤城酒业坚持实施名牌战略，在酒质和包装上，做到研发一代、生产一代、储备一代，形成了八大系列100多个品种。2003年被中国绿色食品发展中心评为A级绿色食品，2003年、2005年连续两次被评为黑龙江省名牌产品。2006年，"黑土地"白酒同国家名酒茅台、五粮液等第一批通过了国家酒类产品质量等级认定，被中国酒业联合会质量认证中心授予并颁发"中国食品质量认证（优质酒）"证书，2008年，"黑土地"商标又获得中国驰名商标。2014年国家质检总局批准对黑土地白酒实施地理标志保护。现已成为东北地区白酒销售量最大、纳税最多的白酒企业，进入中国白酒百强企业。

甘南县围绕产业优势和资源优势，重点在新型能源、食品工业、生物化工等领域下功夫。围绕大豆、有机食品、马铃薯、葵花、水稻、玉米、生猪、肉牛、肉鸡加工等方面做文章，引进建设了台北嘉一香生猪屠宰加工、草原宏发肉牛羊饲养加工、龙储杂粮杂豆加工、北京首农水稻深加工、汇荷马铃薯食品加工等一批拉动作用强、投资规模大、科技含量高、发展前景好的大项目。进一步延长了产业链条，提高了产品附加值，提升了产业层次，加快了工业经济发展。

推动工业优化升级。不断扩大工业阵营。随着甘南县工业经济的不断发展，工业对县域经济的支撑作用越来越明显。甘南县委、县政府大力实施兴工强县和工业翻番战略，不断提升工业核心竞争力，工业阵营不断扩大。2011年至2015年，产业项目建设实现新突破。建设台北嘉一香生猪养殖屠宰加工、首农水稻深加工等产业项目47个，累计完成投资95亿元。飞鹤乳业、洽洽食品、鹤城酒业等龙头企业累计实缴税金5.2亿元。规上工业企业由9家增加到19家，规上工业增加值较2010年翻了一番，实缴税金年均增长17.5%，中小微企业由205家增加到778家。2014年，被评为全省"县域经济质量效益优秀县"，是齐齐哈尔市唯一进入全省发展速度十强县的县份。

甘南县积极推进工业提档升级，做大优势产业，拉长产业链条，工业经济一年一大步。2016年，全县规上工业企业增加值实现13.1亿元，增长28%。实缴税金实现2亿元，增长33%。新开工固定资产投资5 000万元以上项目8个，完成投资7.2亿元。2017年，工业总产值完成27.3亿元，实缴税金突破2.8亿元，同比增长39.1%。嘉一香屠宰加工、饲料生产、繁育养殖等项目相继建成投产，生猪全产业链初步形成。2018年，工业总产值完成32亿元，实缴税金突破3.3亿元，同比增长28.7%。飞鹤乳业全年加工鲜奶6.9万吨，生产婴幼儿配方奶粉3万吨，"星飞帆"高端婴幼儿奶粉连续四年荣获"世界食品品质评鉴大会"金奖；嘉一香食品有限公司全产业链初步形成，年生产冷鲜肉及深加工产品1.3万吨；洽洽食品全年加工瓜子5 200吨；投资6.6亿元的兴十四热电联产项目开工建设。县域经济发展基础更加坚实。

（三）交通能源等基础产业扎实推进

交通建设。随着国家、省、市政府不断增加对交通基础建设的资金投入，甘南县公路建设进入了快速发展阶段。1996年至2005年10年间，全县共实施公路建设项目13项，总投资14 861万元。其中：中央投资3 834万元，省交通厅投入资金3 834万元，地方配套（市、县财政）资金7 193万元。

　　甘南县根据经济建设发展需要，开展了公路"村村通"工程建设。截至2006年，甘南县完成通村公路382条，963公里。全县10个乡镇、33个村，17万人的交通困难基本解决，极大地方便了群众出行。已初步形成了以县、乡为中心，辐射村屯的农村公路网络。为农村经济发展带来了巨大的拉动作用。

　　为了提升甘南县道路状况，甘南县积极开展了齐甘高速公路建设工作。成立了高速公路协调办公室和7个拆迁推进组。按照"谁的责任谁承担""谁的辖区谁负责"的原则，坚持"五到位""四公开"，做到了拆迁无闹事、无上访、无重大伤亡事故，群众合理要求得到了妥善解决，齐甘公路拆迁工作顺利完成。2012年，齐甘高速公路竣工通车，结束了甘南不通高速的历史，甘南县被评为全市高速公路征地拆迁标兵和农村公路建设先进县。

　　甘南县全面加强了城乡公路建设，从2009年开始，先后完成了省道二级公路（查哈阳至扎旗、查哈阳至齐甘界段）73.3公里，4条通乡公路（中兴至长山、中兴至扎兰屯、甘南至扎兰屯、巨宝至团民）升级改造建设里程74.6公里。拆除重建了宝龙桥。完成了查扎、富甘、龙甘公路安保工程，标志标牌设立完毕。完成"G301"绥满公路15处、农村78处平交道口改造。全县10个乡镇，95个建制村，全部通硬化路面。截至2018年，完成农村公路项目126条、危桥40座、安防工程项目10项。

　　随着改革开放不断深入，甘南县交通建设得到迅猛的发展。到2018年，全县各级公路里程达到1 986.1公里，其中：国道35.9公里、省道209.3公里、县道65.2公里、乡道490.9公里、村道1 135公里、专用公路49.5公里。形成了以公路为主的交通运输体系，四通八达，总体配套，功能完善的交通运输网络，有力地推动了县域经济的增长和各项事业的全面发展。

电力建设。甘南电力事业始于20世纪50年代，历经了从无到有，从小到大，从低压到高压、从孤立分散到互联统一的漫漫过程。1998年，国务院办公厅转发国家计委《关于改造农村电网，改革农电管理体制，实现城乡同网同价的请示》及《关于黑龙江省农村电网改造工程，农电管理体制改革和城乡同网同价方案的批复》，决定对现有农村电网进行彻底改造。甘南县抓住机遇，开始了农网改造。从1998年到2005年，甘南县向上争取农网改造资金1.216亿元。经过近8年的艰苦努力，一、二期农网改造共完成投资1.15亿元，占投资总额的99.97%，完成工作量100%。全县电网覆盖率达到99.5%，设备完好率100%，供电可靠率99%以上，综合线损率2005年已下降至3.35%。农网改造在全县形成了以35KV线路为枢纽，10KV线路为骨干，0.4KV线路为接点，纵横3 397.42公里的输配电网络。从根本上改变了农村电力设施落后的状况，提升了农村电网的科技含量，促进了县域经济的发展。农网改造后，全县农村照明电费由平均每千瓦时0.67元（有的地方高达1.00元）下降为0.47元/千瓦时，仅此一项，每年可直接减轻农民负担520万元。

2003年开始，甘南县根据县城电网设备缺陷多，杆路配置不合理，线路老化，电损高，安全隐患大的实际情况，开展了城网改造大会战。甘南县电业局成立了专门班子，制定了城网建设与改造方案，完善了安全管理、质量管理、资金管理等规章制度。组织人员深入到群众之中进行座谈，征求群众的意见和建议，及时解决线路走向、杆坑定位、计量装置悬挂等涉及群众切身利益的问题。经三个多月的艰苦奋战，镇内所有杆高不够，杆位走向不合理的电杆得到更换，旧线换成了新线，变压器增容，新电表安装到位，城网会战提前胜利结束。

甘南县城乡电网改造后，2008年，又开展了农网完善工程建设。截止到2015年，先后完成35KV东阳、宝山、兴隆、四明、长吉岗等输变工程。完成农网改造升级配电工程10KV配电线路63.02公里，新增配电台区40个，新建光纤通信站15座，铺设光缆13条、275.83公里。2016年至2018年，先后投资273.14万元，新建171眼通电机井；改造10KV配电线路3条、10KV线路7条；新建低压台区25个。投资1 005.35万元，完成了村村通116个低压台区工程，改造0.4KV线路229.5公里。

经过十几年的艰苦努力，甘南县完成了城乡电网升级改造攻坚战，建成了电源点布局合理、设施先进、自动化程度较高、通讯调度灵活、运行安全的现代化电力网络，为县域经济发展及全县人民生产生活需要提供了可靠的保证。

（四）第三产业不断发展壮大

城乡贸易空前活跃。1990年以后，随着个体商业的快速发展，加之商品市场的放开，一些思想观念转变快又有经营能力的企业职工大胆放弃了对企业的依赖，离岗办起了商业网点。一些农村剩余劳动力也纷纷涌入商品流通领域。全县个体私营商业呈迅猛发展之势，年营业额突破亿元大关。1997年至1999年间，甘南县委、县政府实施"跨越工程"，为发展个体私营经济制定了一系列优惠政策，促进了"小、零、散"的个体商户迅速向专业化发展，向同类化集中。在甘南县城，逐步形成了经营家用电器、自行车、摩托车、灯具"一条街"，经营日用杂品、水暖零件、礼品"一条街"，经营服装、鞋帽、家具"一条街"，经营和维修手机"一条街"。同时，县城内几乎所有大街小巷的街面都被开辟成各类店铺，食杂店、蔬菜水果店、药店、饭店等一应俱全。在农村，各乡镇政府所在地主要街道两侧都布满了个体商业网点，每个村屯都有个体食杂店。到2000年，全县个体私营商业户达到2 629户，从业人员4 142人，注册资金2 575万元，年销售额达到24 558万元，个体私营商业年销售额占当年全县社会消费品零售总额的比例由47.6上升到70.5%。2001年后，甘南县个体私营商业在稳定中不断发展。2002年，由客商投资兴建的购物中心投入使用，容纳业户700多户，经营商品近万种。随着小城镇建设的推进，全县各乡镇的个体私营商业不但在数量上增加较快，而且向专业化、高水平方向发展。截止到2009年，甘南县批发零售业达6 149户，实现营业收入243 975万元；住宿与餐饮业390户，实现销售收入9 547万元；社会服务业672户，实现营业收入20 573万元。到2013年，城乡商贸网点发展到2 753个，个体工商户发展到8 086户。

甘南县城乡集贸市场经多年运作，更加成熟。从大型超市到遍布城乡的小型超市和各种各类店铺，形成了商贸网络，满足市场供应。到2018年，甘南县城内有三处大型的以蔬菜、水果、肉类、早点、小商品、调味品为经营主体的批发零售市场；有两处以大牲畜交易为主的牲畜交易市场，吸引了内蒙古、吉林、辽宁等地的客商前来交易。有天泽超市、物尔美超市、华夏城市广场、购物中心、华夏金街等大型超市，经营品种主要为生活用品。改革早期形成的各种商品一条街经过市场经济的大浪淘沙，逐步向集中化、专业化、规模化过渡。投资者更加理性，商店布局更加合理，经营更加规范。形成了医药商店、殡葬用品、大型饭店、小吃部一条街；礼品店、五金日杂店、水暖器材、农资农药为主的一条街；化肥、农药、电脑一条街。县城主要街道两侧店铺林立，各种各类一应俱全。全县形成了12个大集轮流循环，经营主体以流动商贩和集市附近的居民为主，经营品种包括新鲜果蔬、鲜活畜产品、百货、一般性常用的生产工具，品种齐全，交易异常火爆。各乡镇政府所在地主要街道两侧布满了商店、旅店、饭店，每个村屯都有了商店、供销社网点。城乡商贸活动上下联动，满足了甘南县城乡居民的生产生活需要。

在城乡贸易流通大发展中，供销社是一只不可忽视的力量。2008年，甘南县供销社按照中央1号文件提出的"供销社要加快组织创新和经营创新，推进新农村现代流通网络的工程建设"指示精神，大力推进"新网工程"建设。在全县建立了253家供销农家店和124家农资连锁店，开展承诺制信誉卡销售方式，为农户供应化肥等农用物资，保证全县农业生产需要。2010年，县供销社积极落实省社提出的"寒地黑土"千社千品工程。深入推进了"5321工程"建设，建立了农资配送中心、日用工业品配送中心、烟花爆竹配送中心，很好地满足了全县农村的供销需求。2012年，县供销社按照商务部、省社、市社的部署，扩大了配送中心经营品种，建立健全了配送中心网络商品库，1 300多个经营品种全部录入省配送中心服务平台，方便了农家店选货订货。加强了农家店信息化建设，先后与省科软公司和市家家通公司合作，对65家农家店进行了信息化建设培训，为12家农家店安装了信息化软件，有45家农家店加入了家家通便民服务网络。2014年，县供销社拓展经营领域，与电信公司联合开展"惠农通"业务，开展了相关便民电信业务。并将全县50多个具有地方特色的农产品录入省供销社的网上供销社电子商务平台，扩大了甘南县特色农产品的知名度。认真实施了互联网＋供销社的新型营销模式，依托省社"惠丰通"在甘南县建立了10个区域平台，为农户提供了网上农资产品采购和特色农产品销售渠道。2017年，县供销社系统实现商品销售收入3.4亿元，实现利润399万元，充分发挥了供销社在农村流通中的主渠道作用。

随着科学技术的进步，现代科技已走入人民生活。2015年，甘南县投资3 960万元，建设了电商服务中心、农业物联网及电商平台、智能仓储系统、农村信息化服务中心。与蓝海商务公司合作，打造了全省首家县级淘宝地方馆和全市第一个自有电商平台"甘南商城"。与福建世纪之村集团和河北省刘现庄集团合作，建设了"兴村网"农村信息化服务平台，已完成县内8个社区、10个乡镇、95个行政村的网点全覆盖。引进宏通物流集团，整合邮政、快递、客运、电商服务网点等资源，搭建农村快速物流系统，实行商品双向有序流通。全县农村建有电商服务网点378个，电商创业人员5 000余人。开通网店98家，微店297家，带动从业人员3万人，电商交易8.5亿元。2017年，通过兴村网、蓝海商务等5大电商平台线上销售本地农畜产品11类162种、2 700吨，销售额达2 000万元；销售大米、小米、杂粮杂豆等特色农产品766吨，销售额1 500余元。通过兴村网培育建设村级电商服务点393个，建成"互联网+"高标准示范基地11个，村级物流站点54个。乡镇物流网点实现全覆盖，农村商品物流配送体系逐步完善。2017年，甘南县被省商务厅评为省级电子商务应用示范县。

通讯事业长足发展。甘南县通讯事业经历了从无到有，从弱到强，分分合合，不断发展壮大的历程。到1985年，全县有邮电局、所15处。1992年，甘南县开通数字移动通信业务。1996年，查哈阳农场模拟移动机站、宝山模拟数字移动通信机站、甘南县模拟移动通信信道扩容工程相继竣工。1998年，根据中华人民共和国信息产业部有关要求，各通信机构相继建立。到2008年10月，甘南县邮政局、中国联通甘南分公司、中国移动甘南分公司、中国电信甘南分公司分营的局面正式形成。

2008年，甘南县邮政局下辖3个县城内邮政支局和13个乡镇（场）邮政支局，设有邮路3条。总计125公里。邮政投递线路37条。2015年，中国邮政集团公司实施法人体制调整，将甘南县邮政局改为中国邮政集团公司黑龙江省甘南分公司，下设10个乡镇、2个农场邮政支局；3处县城内邮政支局；1处县内专营储蓄业务网点（储汇中心）。法人体制调整后，甘南县邮政局强化市场培育、拓展企业经营渠道，加强企业经营管理，深化企业机构、人事制度、分配制度、经营体制改革，实行干部竞聘上岗，取得了经营和经济效益双丰收。2017年全县邮政收入完成4 968万元，全市排名第7位，全省排名第15位。

中国网络集团黑龙江省通信公司甘南分公司成立于1998年11月。2002年，实施了"村村通电话工程"，开展了宽带上网业务。到2004年底，全县固话用户发展到41 491户，较1998年增长了3倍。2008年，累计完成主营收入3 033万元，同比增长7.8%。固话用户发展到42 300户。是全市唯一经营固话、小灵通、宽带三项传统主营业务实现发展正增长的单位。2010年以来，中国联通甘南分公司以宽带和移动业务为两大增长极，加快网络建设。2013年，配合甘南县市政工程建设，新建4G基站8个，提高移动网络的覆盖率。2015年，开展了光纤改造工程，提高了用户宽带上网速度。开通了班班通、互动宝业务，推进智慧城市信息化建设。完成光纤设备及光缆配线架整治工作，县内及8个乡镇的1 240交换机顺利退网下电，实现县域全光网络。

1999年7月，中国移动甘南分公司正式组建成立。2005年全县建有移动通信基站53个，开通6路光缆400公里，移动通信用户发展到6万户。到2008年底，全县已建成移动通信基站85个，下辖自办营业厅8个、合作营业厅37个、村屯服务站20个、零售店249个。移动通信用户达15万户，是1999年的54倍。2009年以来，中国移动甘南分公司扩大经营渠道，提高服务质量。加强了基础设施建设。2017年，中国移动甘南分公司紧紧围绕落实"4G攻坚""美丽乡村""春风行动""年终收官60天大会战"等活动，提升网络维护质量，加快宽带建设。新增医保专线、公安局接警平台、驾校考试等集团专线80条。到2017年末，4G基站达到

266个，完成管道建设0.63公里，光缆建设197.73公里。家庭宽带端口4.01万个，用户9 600户，移动电话21万户。

中国电信甘南分公司成立于2008年10月，主要经营业务包括：移动网业务（经营电信CDMA133、153、180、181、189移动业务）、固话业务、光纤互联网业务，主要品牌有天翼、我的E家、商务领航等。到2015年，已完成电信光纤互联网业务覆盖东阳镇、巨宝镇、宝山乡的光纤固网建设，开展了FTTE光纤接入业务。到2017年末，已入网的移动用户18 000户，互联网用户3 140户，年收入1 180万元。

交通运输业蓬勃兴旺。改革开放以后，甘南县交通运输业也得到发展。到1990年，甘南县全社会大、小型载客车辆保有量发展到238辆，新开辟客运线路4条、373公里。全年客运量达到117.2万人次。1999年，甘南县成立了甘南客运总站。到2005年，全县建有营运线路55条，长2 350公里。其中：省际线路4条，长241公里；地（市）际线路5条，470公里；县际线路44条，905公里。共有营运客车1 653台，其中个体客运车辆1 603台、国营客运车辆42台、集体客运车辆18台。日发送旅客4 100人次，年客运量157.9万人次。甘南县货物运输始于1951年。1989年，成立了货运站，全年完成货运量55.8万吨，货物周转量6 299万吨公里。到2001年，全县国有、集体货物运输车辆已全部取消，个体运输成为甘南货物运输市场的主体。到2005年，全县货运车辆发展到1 098台。全年完成货运量115万吨，货物周转量8 325万吨公里。

2006年以来，甘南县加强了道路运输管理，不断提高道路运输行业综合服务水平。到2015年，全县共有各种类型货车12 244台，全年完成货运周转量85 560万吨公里。营运客车80台，年发送旅客486 616人。与此同时，公交车、出租车也不断发展。截至2018年，全县拥有公交车辆44台，公交线路4条，公交公路总里程75.7公里。有出租车企业3家，出租车辆1 330台。

旅游行业异军突起。改革开放以后，甘南县坚持把旅游产业作为主导产业来打造，为全县绿色发展、转型升级提供了有力支撑。甘南县现有AA级旅游景区三处。分别为音河水库风景区、兴十四现代农业景区和音河湖金长城文化公园。音河湖风景区位于黑龙江省四大水库之一音河水库境内，景区占地面积3 600公顷，1999年被齐齐哈尔市旅游局确定为旅游涉外定点单位，2002年被批准为国家AA级旅游风景区。2006年被国家水利部批准为音河湖风景区。音河水库风光融淡雅清秀与雄浑壮阔于一体，人文景观与自然风光相辉映。景区内建有音河大坝、甲秀亭、迎宾亭、鸳鸯亭、财宝亭、龙门阁、音河山庄牌楼、浮雕、龙雕等景点。并已形成了游客中心服务区、滨水游乐区、休闲度假区、水上游览观光区、采摘与垂钓体验区等五大功能区。兴十四现代农业景区是国家级农业旅游示范点。多年来，兴十四村大力发展生态农业游、新型工业游、关东拓荒文化游、影视拍摄基地体验游和"农家乐"等旅游项目。现有村史展览馆、万亩人工松林、龙头岭、黑龙潭垂钓基地、森林防火观光瞭望塔等旅游观光景点30余处。特别是随着以兴十四村和村党支部书记付华廷为原型的电视连续剧《龙头岭》《那些年，那些事》和电影《神鹤》在兴十四村拍摄，更是吸引了大量省内外客人纷至沓来。2017年接待游客9.8万人次，旅游收入3 090万元。音河湖金长城文化公园于2012年被评为2A级景区，几年来，在基础设施和景观建设上共投资1 300万元，2017年接待游客1.3万人次，旅游收入24万元。

甘南县充分利用资源优势和自然景观，积极发展各种形式的休闲旅游项目。2016年投资460万元，建设桑葚庄园采摘观光休闲旅游项目，并且成功举办桑葚文化旅游节三届，参加人数逐年递升。甘南桑葚产品已打入齐齐哈尔绿博会，享誉东北和内蒙古等地。2017年投资1 200万元，建成集创作、生产、加工、销售于一体的甘景陶瓷加工及展示项目，已建成并投入使用；投资1 600万元，依托阿伦河天然次生林及金界壕打造的兴隆乡兴鲜村旅游开发建设项目，已建设完成；投资900万元，涵盖农事体验、特色养殖、休闲度假、餐饮住宿、农产品销售等内容的兴十四村休闲娱乐旅游综合体项目，已建成并投入使用；投资376.3万元的音河公园新建工程项目已完工。

除此之外，查哈阳渠首、兴隆乡五十户水库度假村、白马河水库、太平湖水库、四方山水库等自然景观及平阳革命烈士陵园、东阳革命烈士纪念碑等人文景观，都已经作为可供开发的旅游区被纳入《甘南县生态旅游规划》之中。

（五）社会事业全面发展

教育事业稳步推进。1990年后，甘南县教育由恢复发展阶段逐步进入平稳发展阶段。县委、县政府将教育事业纳入重要日程，先后制定了《甘南县教育事业发展规划》《甘南县"两基"巩固提高工作实施方案》等文件，为甘南教育事业提供了制度、组织、领导保障，甘南县教育事业走上了快速发展的道路。

甘南县紧紧把握教育发展的切入点，逐年增加教育投入。教学环境逐年改善。到1998年底，全县中小学校校舍总面积达到20万平方米，全部实现了砖瓦化。县城内中学全部实现了楼房化。1998年特大洪灾以后，甘南县紧紧抓住国家中小学危房改造的有利契机，筹集危改项目资金，分期分批地进行了危房改造工程。1 999至2008年，先后建成了教学楼10座、乡镇希望小学教学楼6座、学生宿舍楼3座。建成了甘南县青少年活动中心、县体育训练馆。维修、改建、新建校舍100多栋。与1989年相比，全县中小学生生均校舍面积从3.5平方米增加到7.45平方米。到2008年，全县中、小学大部建立了微机室，乡镇以上中小学校及部分村级学校开设了微机课。2009年至2015年，先后建成了教学楼15栋、学生宿舍楼10栋、农村幼教楼8栋。绝大多数学校配有图书馆、卫生室、食堂等。教学条件得到了极大提升，基本满足了现代教育教学需要。2016年新建教育项目13个，2017年新建教育项目7个，到2018年已全部竣工投入使用。县城内有10所学校和平阳镇中学运动场和塑胶跑道投入使用。

为了确保农村教育投入，甘南县委、县政府制定了《关于完善农村义务教育管理体制的实施意见》，保证了教育经费。全县义务教育阶段中小学人均公用经费不断增长，截止到2008年底，农村小学生生均为305元，初中生为427元；县城小学生为390元，初中生为470元。与1998年相比增长了3倍，与1978年相比增长了5倍。按照国家对贫困县教育收费政策的相关规定，从2004年下半年起，对农村中小学生全部免收了学杂费，为2.2万名农村贫困学生发放了免费教材，为4 300余名农村贫困住宿学生发放了转移拨付和生活补助费。到2007年，全县义务教育中小学生全部实行了减免教材和杂费就学。全县建档立卡贫困户在校就读学生全部得到了教育救助，全县义务教育阶段学生没有因学致贫和因贫辍学现象发生。

为缩小城乡办学差距，促进教育均衡发展。县委、县政府确立了"建设标准化、布局科学化、管理规范化、手段现代化"的学校发展目标，提出"统筹规划，以改造薄弱学校为重点，分步实施，分类达标"的工作思路，全力实施"争先创优，整体推进"战略，全县学校呈现出了规模推进、整体进档达标的发展态势。先后有23所学校在德育、教育科研、艺体卫工作、文明单位创建等方面获得国家和省、市级奖励87项。到2008年底，全县有省级一类学校3所，省级重点职业高中1所，市级示范高中1所，市级一类学校21所，县级一类学校59所，县级合格学校62所。

到2015年，全县累计有17所学校通过义务教育标准化学校省级验收。

在发展普通教育的同时，甘南县拓宽教育发展视野，大力发展幼儿教育、特殊教育和职业教育。在幼儿教育方面，坚持"国家、民办、村办并重，多点办园"的幼教发展方针，大力发展幼教事业。各乡镇都成立了中心幼儿园，在各村校所在地建立了学前班，全县基本普及了学前两年和幼儿三年教育。2015年以后，在农村建成了8栋幼教楼，极大地改善了幼教办学条件。在特殊教育方面，甘南县建有集学前教育、基础教育、康复教育和职业技能教育为一体特殊教育学校1所，学校着眼学生未来生存发展，开设了素描、中国画、乒乓球、微机、十字绣、中国结、串珠、钻石贴、计算机等技术课。注重培养学生自立自强、自食其力的能力，开设了缝纫、美容、按摩、足疗、家政服务、理发、烹饪、电脑等职教课程。2015年12月，学校顺利通过了省级特殊教育学校标准化验收。在职业教育上，发展以职教中心学校为龙头的职业教育。甘南县职教中心于2007年被确定为省级重点中等职业学校。先后与齐齐哈尔市职教中心、哈尔滨中医药大学、齐齐哈尔工程学院联合办学，截至2015年，已建立教育实训基地36个。同年4月，县职教中心委托齐齐哈尔工程学院管理，成立了甘南县职教集团，开创了职教先河。2017年，与佳木斯职业学校联合开办学前教育专业，与大兴安岭职业学校联合开办了护理专业，推动职业教育的快速发展。扎实推进新型职业农民培养，开展"阳光工程""雨露计划"等活动，开展以电工、风电焊、家政服务、计算机、餐厅服务、电子商务等为主的技术培训，2016年和2017年，两年培训农民学员5 100人次。

改革开放四十年，甘南县教育事业发生了质的飞跃，县、乡、村学校基本实现了楼房化，办学条件得到了根本改变，教育教学质量实现新的跨越。1986年至2005年，全县共有4 951人考入大学本科，平均升学率为44.6%。2008年以来，甘南县高考万人口升学率居齐齐哈尔九县前列。2018年8月，甘南县义务教育均衡发展通过省级验收。

卫生事业不断进步。20世纪90年代后，甘南县医疗卫生事业进入快速发展阶段。卫生事业投入不断增加，医疗卫生事业迅速发展，县、乡、村医疗卫生机构具有了相应的规模装备和技术水平，医疗服务能力得到提高。

随着卫生事业发展，县内医疗卫生机构迅速发展壮大。2018年，甘南县有各类医疗机构220处，其中：县直医疗机构6处、民营医院1处、个体卫生所35处、乡镇卫生院11处、社区卫生服务中心2处、村卫生所164处。有开放病床位1 054张。县级医疗卫生机构完备，设备先进，技术力量雄厚。甘南县人民为省级二等甲等医院，与哈医大附属医院、齐齐哈尔市第一医院、齐齐哈尔医学院附属一院、二院、三院和黑龙江省儿童医院建立了协作关系。2014年5月，齐齐哈尔市第一医院与甘南县人民医院结成医疗服务联合体，甘南县人民医院挂牌为"齐齐哈尔市第一医院甘南分院"。各种医疗能够满足基础和高端临床需要。甘南县中医院为国家二级甲等中医院。先后多次与哈医大附属医院联合为甘南白内障患者手术。2015年，县中医院成立治未病科，填补甘南县中医治未病的空白。县中医院和齐齐哈尔市中医院结成医疗服务联合体，挂牌为"齐齐哈尔市中医院甘南分院"。甘南县妇幼保健院1997年被国家授予"爱婴医院"，与北京儿童疾病研究所建立协作关系。1998年与省签订"中英妇幼保健项目"，成立了"新生儿抢救中心"。在全省率先实行了县、乡、村三级妇幼信息网络化管理。截止到2000年末，孕产妇死亡率为0，孕产妇保健管理率为90.74%。

　　乡镇级医疗卫生机构不断发展壮大，逐步实现了医院标准化、设备先进化、医护人员专业化。到2017年，全县11个乡镇医院都配备了基础诊断设备，能承担常见病、多发病的诊断与防治。村级卫生工作坚持三级医疗预防保健网建设和发展。从1994年开始推行村卫生所"村办乡管"的管理体制。2000年，院所并网，重新布局，实行乡村医疗卫生机构一体化的管理模式，建立了123个社区服务站，80%以上社区服务站设置了"三室一房"（诊室、观察室、处置室、药房），达到了市甲级站标准。2005年，甘南县被确定为国家农村卫生机构业务合作工作试点县和全省"三网四化"工作示范县。到2018年，有村级卫生所93个，村卫生室81个，有医务人员279人，其中乡村医生244人。

　　随着科学知识的普及，加之广大医务工作者的不懈努力，甘南县传染病和地方病防治工作有了质的飞跃。截至20世纪80年代，天花、霍乱、伤寒、骨髓灰质炎已被消除。到90年代，百日咳、麻疹、新生儿破伤风等病得到有效控制。加强了地方病防治工作。1990年以后，在食盐加工、销售、食用三个层次对食盐加碘进行全方位管理，全县碘缺乏病发病率得到了有效控制。对大骨节病采取"四改一补"的措施，进行综合防治。2005年病区仅发现新患病例3人，达到了国家提出的5%的控制率。在布病的防控上。组织专业人员深入农村进行布病的调查摸底，摸清病人的感染源、传播渠道，制定有效的防控措施。对肉食加工点、冷冻厂等重点单位派出卫生监督员进行重点监督。结合健康乡村行活动，开展健康教育工作，取得明显效果。2008年以后，布病呈逐年下降趋势，得到了很好的控制。

　　甘南县加强了医疗保险工作，2016年，城乡居民医疗保险参保人数达到23.9万人，参保率100%。城镇职工养老保险参保人数20 305人，参保率100%。新农合工作组织健全，资金使用管理规范，审核报销程序简化，成为县名牌民生工程。2008年，全县共有166 574人参加新型农村合作医疗，参合率95.46%。2015年，新农合参合人数20.3万人，参合率100%。到2016年，新农合参合率连续四年达到100%，工作经验在全省推广，全国交流。被评为全国新农合工作先进县。

经过几十年的不懈努力，甘南县卫生事业不断进步。2016年卫生服务体系建设达标率达100%，基本公共卫生服务覆盖面达到98%，一个县、乡、村、社区卫生服务体系基本形成。中医药先进县创建工作顺利通过省级验收。

文化事业硕果累累。甘南县委、县政府在领导全县人民发展生产、繁荣经济的同时，认真贯彻党的"百花齐放、百家争鸣"的文艺方针，不断推动文化艺术事业的发展。

随着改革开放的深入发展，甘南县文学创作活动日趋活跃。1996年以来，甘南县逐渐出现了一支以自由体诗歌、古体格律诗词和歌词创作为主的业余文学创作群体。县文联、作家协会和文化馆坚持举办一年一度的"音河笔会"，并充分利用《丹顶鹤词页》《甘南报》《音河》等创作阵地大力推介新人新作。一批文学创作人才脱颖而出。先后有50多人的作品在省市和国家级的报刊上刊载。2003年，县委宣传部在上百名业余创作者的近500篇诗词作品中，精心筛选出53名作者的196篇作品，主编成《甘南诗词》作品集出版发行。宣传部长李凤梅、教师李炳新、工人王松峰、农民孙景抒等人的诗词作品集先后出版发行。2015年7月青葵文学社成立，其学社于2018年成立音河诵读协会，目前会员已达90名，广泛汲取诵读爱好者参加各类诵读活动，成为讲好龙江故事的义务宣传员。2005年后，甘南音乐创作掀起了新的高潮。文联下设的音乐家协会现已发展会员120多人，经常开展创作活动。其中反映家乡风貌的《太阳的故乡》、歌颂抗击非典战士的《白衣英雄》等代表歌曲引起强烈反响和共鸣。部分歌曲作品在省市专业报刊上发表。汶川地震后，甘南音乐人袭祥飞谱曲的《情相系，心相牵》入围"央视歌曲征集活动"。2011年，袭祥飞创作的歌曲《老百姓过上了好日子》荣获"2 011感动中国"原创歌曲作曲"金奖"。他创作的歌曲《红色誓言》被收录在"献礼建党九十周年"《全国新创红歌作品集》上。

1986年以后，甘南逐渐形成了以国画为主的美术创作群体和书法创造群体。1993年12月，我县被国家文化部命名为"中国书画艺术之乡"。近年先后出版了《刘树伦画集》《甘南国画》《王彦丰书法集》《画家王万和》等书画专集，巩固了"书画艺术之乡"成果。2003年，甘南县组织成立了甘南县老年书画研究会，2014年7月3日，中国梦——黑龙江省第28届老年书画展在甘南县举办，来自全省各地的358幅老年书画作品参加了展出，其中，甘南县老年书画作品达159幅。2005年7月，老年书画研究会梁福臣创作的《英姿》在齐齐哈尔市老年书画大展赛中荣获一等奖。2018年7月，"故乡的云"甘南籍全国书画名家邀请展在甘南县青少年活动中心开展，22位来自全国各地的甘南籍书画名家作品参展，全县各界人士参观了书画展，书画艺术家出席了座谈会和书画作品采风活动，为甘南文化发展献计献策。从"书画艺术之乡"走出来的甘南人，有许多已经成为国内外知名的画家、艺术家。中央美术学院教授崔晓东、黑龙江少年儿童出版社编辑宣森、大连市外国语学院教师关明峰创作的作品获得全国和国际大奖，齐齐哈尔市艺术馆宫秀志、齐齐哈尔师范学院姜福林和李春梅、齐齐哈尔马戏团王润生、甘南文化馆刘学颜、甘南电业局宫象昕、甘南劳动就业局王万和等人的作品多次被《中国画》《艺术界》《中国青年报》《中国美术报》《美术大观》《黑龙江日报》等国内外颇具影响的报刊采用。

作为以演出东北地方戏曲为主的甘南评剧团，也伴随着时代的发展不断进步，每年演出都在百场以上。1999年春节前，剧团承担到北京石景山区"邀乐园春节庙会"演出的任务。从除夕之夜到大年初七，他们一天两场演出，引起轰动，反响热烈。2002年，剧团又远赴山东胜利油田进行为期10天的商业性演出。2005年，全团参加了天津电视台20集电视连续剧《欢腾的阿伦河》的拍摄工作。

甘南群众文化活动也日益活跃，紧紧围绕打造"音河文化"这条主线，努力搭建群众文化活动平台。从1988年开始举办甘南艺术节。2006年以来，开展了"俺村也有文艺人"电视大奖赛等大型文艺演出活动。从2008年起，开展了"七彩周末"广场文艺演出，至今已演出近200场。2014年，结合省、市开展"乡村大舞台""百姓文化季"活动，创新设计了"四季音河"系列群众文化活动，该活动按照读书之春、文艺之夏、书画之秋、文学（培训）之冬四季轮动的办法，集中推进各类别文化活动的开展，至今成为甘南县品牌活动。拍摄了以反映兴十四村艰苦创业题材的电视连续剧《龙头岭》，提高了甘南县的知名度。甘南县群众文化的开展引起了国家、省、市的重视。2007年，中宣部副部长雒树刚带领专家学者考察团深入甘南调研，对甘南县文化工作给予了高度评价。新华网、《黑龙江日报》、《齐齐哈尔日报》等媒体相继刊发了《雨洗千峰翠，风送百花香》等反映甘南县群众文化事业发展成果的报道44篇，2007年，甘南县荣获全省群众文化优秀组织奖。2008年，甘南县被文化部命名为"中国民间文化艺术之乡"。

甘南以繁荣发展社会主义先进文化为中心，以新农村文化建设和文化先进县创建为重点，大力实施文化阵地建设。2005年，筹资880万元新建了建筑面积4 762平方米、广场面积6 500平方米的活动中心，使其成为集文化辅导、文艺演出、图书阅览、棋牌游戏等功能于一体的大型文化活动场所。为活跃群众业余文化生活，甘南县还先后修建了文明公园、繁荣公园、石油公园、购物中心文化休闲广场等一批休闲娱乐场所，每天都吸引4 000余人次来此开展各种形式的文化活动。甘南镇内8个社区都设置了专门的文化活动室，并先后成立了戏曲协会、老年艺术团、歌舞团、广场舞队、鼓乐队、秧歌队等群众组织，定期或不定期进行排练和演出，极大地丰富了群众的业余文化生活。2014年以来，甘南县加快村级文化活动广场建设，争取专项资金225万元，新建村级文化广场14个，此后逐年加大建设力度，到2018年底，除没有建设条件的2个行政村外，甘南县村级文化广场实现全覆盖。

非物质文化遗产普查工作也取得了新进展。经积极申报，2009年3月，甘南县兴隆乡兴鲜村《碟子舞》被黑龙江省人民政府确定为省级非物质文化遗产名录。2012年，车元梅确定为省级非物质文化遗产项目代表性传承人。2013年建立兴鲜村文艺演出队，开展传承人集中培训6次，培训人数达到150多人。《碟子舞》多次参加省、市少数民族会演，获得一致好评。

体育事业成绩斐然。改革开放以后，甘南县委、县政府多策并举，推进体育事业发展。先后建成了占地3.5万平方米、建有400平方米主席台兼设休息室和器材库的体育运动场、设有乒乓球训练室和标准篮球、排球地板场地的甘南体育馆、具有一整套现代化体育训练设施的现代化大型体育训练健身馆。1998年以来，县政府投入资金，为县城的体育场馆和公共场所安装了专用体育训练器材和全民健身器材。同时调动社会力量，在文明公园、繁荣公园、石油公园、综合活动中心等地设立多处儿童活动乐园和小型健身场所。全县中小学校也先后健全了田径场地和篮球、排球场地，满足了县体育教学的需要。

随着体育活动的全面开展，竞技体育人才辈出。2000年，国常健在全国少年田径锦标赛上以53秒成绩获400米栏第一名，在全国分龄组赛上获400米第二名、200米第三名，在全省第九届运动会上获400米栏预赛第一名并打破省纪录。巩宇也在省九运会举重比赛中，以抓举130公斤、挺举160公斤的成绩获得第一名。苗英、王晶在全省少年举重比赛中分别获53公斤级和63公斤级冠军。甘南女子排球队5名运动员作为市女排主力队员参加了全国少年排球赛，获得第三名。2000年，甘南女子排球队在全省排球赛中荣获冠军。在2006年省全运会上，甘南县选手夺得女子竞走第一名和66公斤级柔道第一名。2013年县体校被市体育局评为田径基地。2017年3月19日，县体校输送到国家队的王娜在日本石川县举行的亚洲竞走锦标赛20公里比赛中荣获冠军。为实现竞技体育人才可持续性发展，解除县少年业余体校培养人才的后顾之忧，在县政府的推动下，2017年12月成立艺体高中学校，为体校初中毕业的学生解决上高中的问题。

伴随着全民健身活动的深入开展，全县职工体育、农民体育、老年体育活动大放异彩。从1986年后，县体育部门每年都组织城镇职工进行篮球、排球、乒乓球、棋类等10多项体育比赛；基层企事业单位每年都举办上百次小型多样的体育比赛活动。全县参加体育活动者每年达10多万人次。在1990年全县田径运动会上，全县3 000多名职工参加了"八步健身操"和广播体操表演。同年10月，县总工会、县委宣传部、县体委联合举办了一次万人健身操表演，盛况空前。2014年以来，结合县徒步群体壮大的实际，举办了徒步大会，参加人数已破万人。1989年起，老年体育活动大有后来居上之势。县直和乡镇建立老干部活动室38个，修建老干部门球场地10余处。每年都组织离退休老干部举办门球赛。至2008年底，全县城乡晨练点已发展到120多处。

（六）城乡建设日新月异

甘南县委、县政府坚持以规划为龙头，以建设园林城为目标，以加快城乡建设为重点，突出城区改造，加强市政基础设施建设，加大城乡绿化美化力度，使城乡建设发生了翻天覆地的变化。

1994年，甘南县人民政府在1959年、1984年两次城镇规划的基础上，编制了《甘南县甘南镇总体规划及说明书》。按照这次规划的布局，甘南县人民政府于1997年、1998年连续两年采取超常规措施，对甘南县城实施了全方位的城区改造。2012年，进行了第四轮甘南县总体规划修编工作，完成了北片区控详规划，西河景区规划，乡镇整屯并村规划，城市景观、城区绿化、道路和"十二五"近期建设等专项规划。完成了4个乡镇总规修编和16个中心村建设规划和19个新型社区建设规划。成为齐齐哈尔市唯一引进黑龙江省地理信息公共服务平台的县份。2017年，为提升城镇智慧化水平和绿色发展水平，编制了《甘南县中心城区海绵城市建设专项规划》，确定了将甘南镇最终建成具有吸水、蓄水、净水和释水功能的海绵城市的方向和目标。为彻底改变"马路拉链"和"空中蛛网"状况，编制了《甘南县中心城区地下综合管廊专项规划》，明确了最终实现市政管线建设高端化、绿色化、集约化、智能化的目标。2017年4月，《甘南县甘南镇总体规划（2013—2030）》得到齐齐哈尔市政府正式批复。明确了城镇发展方向，逐步完善了城乡规划一体化。

随着城镇建设规划的不断完善，城区道路的改造与建设也进入高速发展阶段。2000年至2005年，对城区17条、5万米的主次干道进行拓宽，铺装黑色路面5 000米；在文明大街、繁荣路、明海路铺装人行道方砖19万块。2006年至2008年，对城区干道和支路进行全面升级改造，县城内所有主次干道和支路全部由沙石路升级为柏油路。到2011年，城区道路全部实现了硬化和亮化。2012年至2015年，对城区的文明大街、明海路、光明路等11条道路及繁荣路等9条道路的人行道进行改造。其间，全长4.3公里的文明大街南扩工程竣工通车，成为全市各县最靓丽的一条景观大道。沿音河干渠东侧全长5公里的滨河大道建成通车，成为缓解城区运输压力和人民群众休闲锻炼的好去处。

城区亮化、绿化、美好工程也随着城区建设和道路升级全面实施。到2011年，城区内所有主次干道和支路都实现了亮化。几千盏新式的单、双臂高压钠灯、霓虹灯、水晶灯、礼花灯、汞灯、高杆灯点亮城区各个角落。从1995年开始，县政府依据城区建设的总体规划，按照一街一品的原则。对城区进行了大面积绿化。到2017年，城区新增绿地面积3.2公顷，建成区绿地面积达到291.4公顷，绿化覆盖面积338.1公顷，绿地率达到34.2%，人均公园绿地7.86平方米。甘南县自2005年以来连续三年荣获齐齐哈尔市"新绿杯竞赛"先进县称号；2004年、2008年被评为"省级园林城市"。

甘南县加强了"三供两治"建设，城镇基础设施建设速度加快。完成了县城排水及污水处理厂工程，铺设管道17.7公里，日处理污水1万吨，改变了污水任意排放污染环境的局面。2016年，城市生活垃圾处理厂投入使用，2017年，城西雨水泵站建设完成，提升了环境质量。2017年11月，新建日处理能力30 000立方米净水厂投入运行，提高了城区供水能力。城区集中供热面积发展到279.6万平方米，集中供热率达到95.7%，减轻了空气污染，城区空气环境质量得到明显改善。

甘南县委、县政府大力实施棚户区改造工程，以每年至少改造3个棚户区的速度推进。2007年至2011年，累计改造城镇棚户区14.4万平方米，回迁户1 097户。建设廉租房513套。2012年至2015年，累计改造城镇棚户区16个，回迁户2 388户。建设廉租房350套。2016年至2018年，累计改造城镇棚户区5个，面积4.3万平方米，回迁户657户。

农村建设日新月异。1995年以后，随着农村经济的发展，农民对居住条件有了新的追求。新建的民用建筑全部为砖瓦房。兴十四村率先实现了全村砖瓦化，2002年以来，又建设了花园式单体别墅136栋，户均面积达到196平方米。中兴乡兴久村、宝山乡兴塔村等一批砖瓦化率达到100%的村屯也相继出现。农村道路和环境建设不断加强。2007年至2015年，累计建设农村道路157条、1 843.4公里，通乡通村公路全部实现硬化。村屯内主要道路进行了全面整修，铺上了水泥路面。从1997年开始，各乡镇开展了以治理环境卫生为主要内容的村屯一条街建设。乡、镇所在地主要街道两侧都安装了路灯，栽植了杨、柳、松、垂柳等树木和花草。修建了路边沟，规范了柴草垛堆放，成立了为民服务队，坚持经常性的卫生管理，消灭了"脏、乱、差"现象，农村环境得到了彻底改变。2015年，根据党中共第十六届五中全会提出的新农村建设的具体要求和《齐齐哈尔市美丽乡村建设三年行动计划》的部署，开展了美丽乡村建设。2015年以来，全县开展了村屯道路、边沟、广场、路灯等基础设施建设，极大地改善了村容村貌。全县95个乡镇村村级文化广场基本实现全覆盖（没有建设条件的2个村除外），625个自然屯实现数字电视和宽带全覆盖，建成自来水工程的自然屯发展到505个。全力打造"一村一品"典型示范村屯，建成了以兴十四镇兴十四村蔬菜基地、甘南镇欢喜村李子栽植、长山乡长新村桑葚栽植、兴隆乡双龙村黏玉米种植、中兴乡兴胜村食用玫瑰种植、平阳镇东升村蔬菜种植、巨宝镇红旗村红花种植、查哈阳乡曙光村姑娘种植等为代表的典型示范村屯。打造了美丽乡村示范点14个，创建省级生态乡镇8个、生态村54个，其中，兴十四村为国家级生态村。2016年，兴十四村被评为中国特色小镇。

2011年，甘南县被重新确定为国家扶贫开发工作重点县和大兴安岭南麓特困片区县份，国家加大了对农村泥草房和危房改造的资金投入，2011年至2015年，全县改造泥草房、危房2.1万户、133.3万平方米，翻建、新建住宅200多万平方米。2016年至2017年，全县改造泥草房、危房6 827户。截至2018年，已基本消灭了泥草房和土坯房。甘南县被评为全省"两改"先进县和社会主义新农村建设先进县。

现在的甘南县城高楼林立，商铺鳞次，道路宽敞，四通八达，绿树环绕，环境幽静，市场繁荣，购销两旺。农村红墙绿瓦，整齐雅致，各业兴旺，集市火爆。甘南城乡经济快速发展，社会和谐稳定，人民生活幸福安康，快步走向繁荣小康。

第三节　开展党的群众路线教育和党风廉政建设

改革开放以后，甘南县委、县政府根据中共中央指示精神，不断地开展机关作风整顿和地方廉政建设工作。1990年开始，全县开展了纠正行业不正之风工作，设立了"纠正行业不正之风办公室"，县纪委内设立了纠风室。纠风工作坚持"标本兼治、纠建并举"的方针和"谁主管谁负责""管行业必须管纠风"的纠风工作责任制，在抓纠正、抓巩固、抓落实、抓深入、抓提高上下功夫，取得一定成效。

1998年11月，甘南县在省委督导组指导下，开展了"三讲"教育活动。活动采取集中培训和自我学习相结合、召开座谈会、广泛征求意见、深刻剖析、查摆问题等方式方法，找出领导班子和领导干部在党性党风方面存在的突出问题。2000年1月，县委在全县党员范围内，开展了党员"三个代表"重要思想学习活动。通过开展"三讲教育"、"三个代表"重要思想学习活动，有效促进了全县党员干部工作作风的好转和党风廉政建设的加强，推动了全县经济和各项事业的发展。

1999年开始，甘南县按照省委、市委的部署，在全县执法部门、经济管理部门、监督部门、社会服务部门和综合管理部门开展了"为经济建设服务、树行业新风"最佳最差单位评议活动，全县共有13个执法监督部门、15个综合管理部门、10个社会服务部门参加了评议活动。评议采取省市县三级联动、工作考核、听证评议和问卷测评相结合的办法进行。对被评为最佳单位的授予"端正政风行风、优化发展环境"最佳单位称号，召开全县大会进行表彰。

2013年4月，甘南县被确定为第二批群众路线教育实践活动试点单位，在省、市试点指导组的精心指导下，全县共有65个单位、8 947名党员干部参加了党的群众路线教育实践活动。甘南县委按照省、市委要求，结合甘南实际，采取领会精神学、灵活方式学、结合实际学和制度保障学等四种学习方式，认真学习中央、省领导系列重要讲话和中央确定的"三本书"，使全县党员干部接受了一次深刻的马克思主义群众观教育。通过认真开展解放思想查、面向社会查、结合工作查和严格把关查等"四查"，对查摆出的问题整改。群众路线教育实践活动历时近6个月时间，圆满完成了各环节任务，取得了良好的工作成效。甘南县党的群众路线教育实践活动先后两次在全省交流经验，被省委教育实践活动办公室以专报形式上报中共中央教育实践活动办公室，《在回归中前行——甘南现象解读》专题片作为全省第二批群众路线教育实践活动教材。

　　2005年，甘南县委在省、市委的领导和市委督导组的具体指导下，开展了保持共产党员先进性教育活动。全县共有339个党支部、5 925名党员分两批参加了共产党员先进性教育活动。在共产党员先进性教育活动中，甘南县委坚持"七抓"，推进活动深入开展。一是强化领导抓发动，组建了甘南县共产党员先进性教育活动领导小组，采取各种有效形式深入进行了思想动员，有效的引导群众积极参与到活动中来。二是丰富形式抓学习。举办了各种类型培训班进行理论业务培训。党员参加学习面达到99%。三是开门教育抓查摆。深入开展了"两次百分制"群众评议活动。发放调查问卷和征求意见表2 050份，召开不同层面人员座谈会313个，征求到各方面意见、建议1 766条。四是严肃认真抓评议。在广泛征求意见的基础上，开好专题组织生活会和民主生活会，开展批评与自我批评。五是以点带面抓示范。抓好党员领导干部的联系点，推进共产党员先进性教育活动扎实进行。六是强化督导抓推进。督导组全程参加各部门、单位的专题组织生活会和民主生活会，保证党性分析材料深刻到位。七是注重实效抓整改。采取整章建制、明确责任、细化管理等措施，进一步加强和完善了各项规章制度，建立起了长效机制。通过开展保持共产党员先进性教育活动，较好地解决了领导班子和党员干部在党性党风方面存在的突出问题，使广大党员干部提高了自身素质，增强了先进性意识，各级党组织的战斗力和凝聚力大大加强。

　　2016年2月，甘南县按照市委要求，安排部署了全县"两学一做"学习教育的工作。县委下发了《"两学一做"学习教育指导意见》，采取严格制度、领导带头、党课推动、讨论交流、创新载体、专家辅导、对照典型等形式，推进工作开展。全县各级领导到联系点讲党课150次，开展专题辅导110多次。全县各级党组织围绕三个专题共组织专题讨论997场（次）、1.5万人（次）。为保证"两学一做"学习教育取得实实在在的效果，甘南县制定印发了《"两学一做"学习教育中查找解决突出问题的指导意见》。全县各级党组织围绕党组织和党员的问题清单，深入查摆自身存在的问题。通过深入查摆和认真梳理，查摆出存在问题。在此基础上，各党委（总支）分别召开了专题组织生活会和开展了党员民主评议。全县31个党委（总支），421个党支部，9 926名党员参加了民主评议，合格等次党员9 045名，优秀等次党员823名，处置不合格党员58名。"两学一做"学习教育严明了党的政治纪律和政治规矩，强化了组织建设，健全了基层党组织，提振了干部精气神，促进了工作进展。

甘南县深入落实省第十二次党代会"坚持把改进干部作风作为振兴发展的重要保证"的要求，开展了机关作风整顿工作。县委和各乡镇、县直各单位成立了领导小组，建立了工作机构，形成了自上而下完整的工作推进体系。开展了集中学习、个人自学、研究讨论和领导干部讲党课等各种形式的学习活动。召开了全县作风整顿暨优化发展环境警示教育大会，评选了先进基层党组织19个、优秀党务工作者32名、优秀共产党员66名、"好把式"59名。广泛征求社会各界对机关作风方面的意见和建议，全县共发放征求意见表3 600多份，征集意见建议400余条。全县各单位按照县统一部署，认真查全找准存在的问题。研究制定了甘南县《建立"1+4"服务工作质效保障体系工作方案》，对现有制度进行全面梳理，查缺补漏、完善措施，确保作风建设常态化、长效化。通过开展机关作风整顿，党员干部理想信念更加坚定，依法行政更加自觉，干事热情更加高涨，基层单位部门风气和党员干部形象焕然一新。

第四节　打击犯罪活动和开展社会治安综合治理

改革开放以来，甘南县公安司法部门认真贯彻执行国家的法律法规，弘扬执法为民、积极奉献的精神，切实抓好全县城乡社会治安和各类案件侦查、侦破工作，严厉打击了各类刑事犯罪和经济犯罪。

为了给改革和发展创造一个稳定的社会环境，甘南县坚持依法打击各种犯罪活动。根据中央关于严厉打击严重刑事犯罪、严重经济犯罪活动的部署和全县治安形势，每年都适时集中力量打击各类严重刑事犯罪活动。1986年至2005年间，县公检法司机关和广大干警、法官，认真贯彻执行国家的有关法律、法规、条例，加强城乡社会治安管理，严厉打击各种犯罪，为构建"平安甘南"做出了贡献。2006年以来，以维护社会稳定为首要任务，继续坚持"严打"方针不动摇，充分发挥侦查监督和公诉职能作用，进一步加大各类严重刑事犯罪的打击力度，突出打击暴力、职务犯罪。侦查监督部门加大提前介入工作力度，对黄赌毒、黑恶势力、乡匪村霸、敲诈勒索、地下钱庄、垄断市场、非法集资、缠访闹访等行为，坚决做到发现一起、查处一起，有效震慑了犯罪，取得了较好的社会效果和法律效果。

甘南县始终紧绷维护稳定这根弦，建立了科学高效的维稳工作机制，形成了全方位、立体化的情报网络，落实了领导机构、工作措施、处置力量和保障措施，妥善处置了各类重大涉稳事件。1976年至2005年间，全县12个乡镇共建起调解委员会95个，调解员1 380人，共调解处理各类纠纷4万多件，制止群体械斗69件、群体上访319起，防止"民转刑"案件发生418起，防止"民转刑"案件发生16起。2006年以来，甘南县坚持把调解的重点放在影响生产经营、妨碍社会稳定、损害党群关系上。创新工作思维和理念，整合司法、行政和社会多方力量，改变人民调解、行政调解、司法调解和信访调处工作各自为政工作方式，形成以"人民调解"为基础，以"诉前调解"为节点，以"综合调解"为手段的"三调联动"机制。彻底改变了过去条块分割、单打独斗、各自为战的调解工作模式，调解成功率不断提升。2007年至2017年，共调解各类纠纷13 288起。甘南县大调解工作的创新做法分别在中央新闻联播、黑龙江新闻联播、齐齐哈尔新闻和中央政法委《长安》《黑龙江法制报》《党的生活》播出或刊发。甘南县积极开展社会稳定形势分析研判。建立重大决策风险评估机制，加强敏感时期维稳工作。分管县领导以及各乡镇、各单位对矛盾纠纷进行全面排查，逐件落实包保稳控责任，进京非访控制在一定程度，有效地维护全国重大会议及活动期间全县社会稳定。2016年，实现了全国"两会"和十八届六中全会期间非访零登记。积极开展"百县千乡万村无邪教创建示范工程"，申报兴十四镇为国家级无邪教创建乡镇，县绿色林场、东方红社区、东风社区及兴十四镇山湾村四个单位为国家级无邪教创建基层单位，通过省市验收。邪教转化人员反复率控制在5%以下，实现"四零"（零进京、零聚集、零插播、零事故）工作目标。甘南县被省委防范办列为反邪教网络宣传"四合一"阵地建设示范单位，并获得全国无邪教奖励。反邪教文化作品《回家以后》《原形毕露》获得市反邪教优秀节目一等奖和三等奖，并被省委610办推荐到中央参评。

甘南县扎实推进平安甘南建设。围绕严防、严管、严控，不断完善人防、物防、技防相结合的综合防范措施，逐步建立全方位、多层次的打防控工作机制。初步形成农村群控、单位内控、商铺联控、住户自控、街面巡控、卡点布控、视频监控的防控网络。加大了对经济犯罪的打击力度，着力营造安定有序的发展环境。依法惩治工作人员利用市场准入、市场监管、招商引资、证照审验、项目审批、土地征用、工商管理、税收征管、金融贷款、财政补贴等职务便利，向企业索贿、受贿犯罪。严打恶势力犯罪团伙以暴力、威胁等方式向企业收取"保护费"，欺行霸市、强买强卖犯罪，严打由经济纠纷引发的向企业暴力讨债、非法拘禁等犯罪。着力营造安定有序的发展环境。县法院出台服务县域经济发展9项优惠措施，支持企业发展、服务招商引资"十条措施"，推行"六个一"服务，积极为农行、信用联社、地方企业、粮食系统等部门，化解不良贷款和依法清收债权。加大了失信惩戒力度。对长期不履行义务的被执行人，录入全国法院执行信息系统失信被执行人名单库。在相关网站、微信、微博、电子大屏发布失信被执行人信息，对拒不执行的"老赖"实施了司法拘留，严重者依法追究刑事犯罪责任，有力打击了老赖的嚣张气焰。县公安局开展打击工地及周边盗窃、强买强卖、强揽工程等违法犯罪活动。开展依法打击涉企经济犯罪活动。破获了信用卡诈骗等一批案件，保护了企业利益。县司法局严格执行《律师法》《公证法》《法律援助条例》，不断强化执业人员素质，规范执业行为，为企业提供优质法律服务。律师事务所成立了农民工维权站、妇女儿童少年维权站、残疾人维权站，大力开展"律师进企业"活动，组织多名律师为各类企业提供法律服务，为促进经济发展提供了多层次、多渠道的优质服务。

第九章 精准扶贫 全面建成小康社会

　　甘南县属半农半牧县，是黑龙江省西部干旱地区，交通不发达，属非铁路沿线，距离大中城市远。县财力薄弱，财政支出多数靠转移支付维持，属于保民生、保运转的"吃饭"财政。基础设施建设长期投入不足，较为落后，尤以农村道路、环境、卫生医疗条件等较差。气候十年九旱，自然灾害频发，农业减产、绝产时有发。物产单一，资源匮乏，可利用发展的资源较少。气候恶劣，地方病、慢性病发病率高，因病致贫、因病返贫比重较大，约占全县贫困人口的70%左右，贫困村数占全县行政村总数60%以上。改革开放以来，甘南县认真贯彻国家和省、市扶贫攻坚精神，举全县之力，全面打胜扶贫攻坚战，取得了阶段性、决定性的成效，在全面建成小康社会的道路上迈出了坚实的一步。

第一节 扶贫开发历程

　　1993年，被确定为国家级贫困县。2002年，甘南县被列为国家扶贫开发工作重点县，2011年被重新确定为国家扶贫开发工作重点县和大兴安岭南麓特困片区县份。甘南县扶贫工作主要经历了开发式扶贫、大兴安岭南麓集中连片特困区域脱贫攻坚、精准扶贫三个阶段。甘南县委、县政府始终把扶贫工作作为首要的政治任务、第一位的民生工程，把全部精力都投入到脱贫攻坚上，举全县之力抓推进、抓落实。

加强组织领导。甘南县严格落实县级党政"一把手"负总责的扶贫开发工作责任制，成立了由县委书记、县长担任组长，县委副书记任副组长，县委常委、副县长为成员，各相关部门为成员单位的县扶贫开发工作领导小组。组长全面负总责、副组长统筹协调、成员各司其职抓好落实。扶贫开发领导小组下设办公室，办公室主任由县委副书记担任，成立了综合指导、督查、宣传、产业扶贫、危房改造、安全饮水、教育保障、医疗救助等16个工作推进组，全力做好业务指导、舆论宣传、督查考核等各项工作。甘南县从县乡村三个层面入手，引导帮扶单位、乡镇党委政府、驻村工作队、村两委、帮扶责任人等五支队伍，把责任扛起来、把工作落下去。

强化人员配置。一是领导干部"1+1"包村。副县级以上领导和科级干部每人包一个村，帮助包扶村谋划指导扶贫工作。二是工作队"5+4"驻村。在省市选派10个工作队的基础上，全县又成立了99个驻村扶贫工作队，共有驻村干部338人，实现了贫困村与非贫困村全派驻。三是帮扶干部"1+4"包户。组建1 450人的帮扶队伍，从县级领导到村老三位，每名干部平均对接帮扶3到4户贫困户。同时，为了切实提升帮扶干部的工作积极性，截至目前，共提拔重用扶贫战线干部39名。

严格督导考核。为确保扶贫工作落到实处，甘南县加强督查工作创新，强化考核结果运用，以督查考核推动各项工作全面落实、取得实效。一是严格签字背书。县委、县政府与乡镇党委、政府签订了脱贫攻坚军令状，明确了乡镇党委书记、乡镇长是第一责任人。构建了大扶贫工作责任体系，对各帮扶单位、帮扶责任人、驻村工作队以及乡镇和村，实行同体同责，用责任倒逼脱贫攻坚工作开展。二是强化考核问责。严格落实《精准扶贫督查问责办法》《精准扶贫干部考核办法》等文件要求，对工作成绩优异、帮扶成效显著的单位和个人予以表彰，对表现优秀、排名靠前的村党支部书记和村委会主任实行星级化管理，鼓舞斗志；对工作推动慢、成效不明显、落实不到位的单位和个人进行严肃问责。三是完善工作机制。为巩固提升扶贫工作成效，建立了"一周一部署、一周一巡察、一周一通报"三个一扶贫工作机制。

坚持精准细实。甘南县始终坚持把"精准"贯穿脱贫攻坚全过程，严格识别和退出的标准程序。同时，进一步畅通群众咨询和监督渠道，设立"扶贫热线"，解答群众政策咨询，受理识别不准、漏评、错退以及在扶贫工作中出现的各类问题。对于群众反映的问题进行分类处理，在3个工作日内向举报群众予以反馈，并采取每周一报的形式上报县委书记、县纪委书记。把《回头看识别贫困户公示单》和《动态调整新识别贫困户公示单》张贴到所有农户家中进行公示，全面提高群众知晓率。对于群众有异议的认真进行核实，对于核实后符合条件的据实纳入，将调整后的贫困户名单，再次张贴到所有农户家中进行公示。

第二节　全面打赢扶贫脱贫攻坚战

甘南县在落实扶贫措施上，用实用活政策，发挥项目、社会力量等优势，多角度、多渠道挖掘扶贫资源，全力推进精准扶贫各项工作落实，举全县之力，全面打赢扶贫脱贫攻坚战。

开展产业扶贫，提高造血能力。甘南县把扶持产业龙头发展与带动贫困户有机结合，推进一村一品，搞活庭院经济，实现多元化发展，多渠道增收。一是开展金融扶贫。在把握好金融扶贫政策的基础上，以发展普惠金融为根基，对有贷款意愿、有创业潜质、符合贷款条件的贫困户，进行评级授信，给予"免抵押、免担保"信用贷款。截至2018年4月末，共为建档立卡贫困户发放小额贷款2 021笔、3 535万元。对高龄和因病因残不符合贷款条件的贫困户，采取"企贷企用企还户受益"模式，累计为22家企业及合作社协调贷款1.7亿元。二是实施资产收益分红。由财政投入专项资金，资产折股量化到村、企业进行经营，农民保底分红，实现企业发展有保障，农民致富有门路。2017年全县共投入资金3 900万元，扶持亿康园生猪标准化养殖基地等3个扶贫项目，带动贫困户2 567户。2018年投资8 730万元，启动兴十四镇兴业村生猪养殖等5个项目建设，带动贫困户2 243户。三是合作社带动脱贫。先后组建了秀娟杂粮、亿康园牧业等种养殖合作社9个，带动贫困户934户。四是全力发展光伏产业。在建档立卡贫困村中建设光伏村级电站48个，现已经全部并网发电，带动贫困户2 639户、4 374人受益。五是落实以奖代补政策。组织贫困户发展庭院经济，实现多元化增收。2017年，全县共发放"以奖代补"资金345万元，全县受益农户7 626户。2018年继续实施"以奖代补"政策，贫困户种植中草药、桑树、瓜果蔬菜、马铃薯、向日葵等，每亩补助80至200元；养殖牛、马、猪、羊、鸡鸭鹅等，每头、只补助5至500元。六是积极鼓励就业创业。通过开展技能培训、安排就业岗位等方式，拓宽增收渠道。2017年以来，全县农村劳动就业技能培训1 502人次，贫困户省外转移务工267人次，到企业及合作社务工138人次。组建了109个、1 116人的为民服务队，薪资标准为每月500元。

加大政策投入，强化输血保障。一是深入开展医疗健康扶贫。甘南县出台了一系列医疗扶贫政策，全力解决看病贵、看病难的问题。县财政对贫困人口基本医保给予全额补贴，城乡居民医保住院报销比例提高了5%，商业保险大病起付线降低50%。通过落实医疗政策，贫困户住院报销比例达到91.2%。同时，做好非贫困户医疗防贫返贫工作。投入600万元，在中国人寿建立资金池，为非贫困户缴纳统筹外大病商业补充保险。非贫困户住院统筹外医疗费用保险比例达到40%，住院医疗费用报销比例上升到81.4%。二是扎实推进危房、泥草房改造。2011年至2017年，全县共计改造危房、泥草房27 827户。通过长期租赁的方式，解决了180户无合理稳定居住条件户安全住房问题。通过积极努力，共解决群众安全性住房4 065户。三是大力实施教育扶贫。2016年至2017年，共资助各类贫困学生12 906人次，发放助学金897万元。普通高中免学费834人次、20.8万元。中职免学费860人次、86万元。办理大学生生源地贷款990人次，贷款金额达2 000余万元。四是扎实开展民政救助。积极推进精准扶贫与农村最低生活保障制度相衔接。积极向省民政厅争取，增加低保名额。对于22种重大疾病住院贫困患者，医疗费用经新农合报销、大病保险报销、兜底保险报销后，统筹范围内剩余部分，进行民政救助，救助比例提高到80%，救助额度提高到20 000元。五是抓好社会力量帮扶。中国兵器工业集团定点帮扶甘南县，几年来共投入扶贫资金1 375万元。甘南县社会各界捐款捐物633万元。

加大投资力度，改善贫区面貌。甘南县千方百计整合资金，大力加强贫困村基础设施建设，努力改善贫区面貌。一是加强路桥建设。全县投入资金10.2亿元（含国投），建设二、三级公路4条、190公里；改造危桥7座、平交道口102处。投入资金1.85亿元，修建通村公路和村内道路374公里。55个贫困村通村公路已全部硬化，通达里程为1 304公里。二是加强网络建设。投入资金1.09亿元，对625个自然屯进行数字电视及宽带光纤改造，引接省干7.6公里，铺设路杆3.4万棵，架设光缆3 451公里，新建机房36处，为用户免费提供智能机顶盒和光接收机各3.3万套。实现宽带、广播电视全覆盖。三是加强农村医疗建设，全县55个贫困村，除一个在乡政府所在地未设卫生所外，其余54个贫困村均设置了卫生所，并按照要求为村民提供基本医疗和基本公共卫生服务。四是加强文化建设。55个贫困村文化活动广场覆盖率达到100%。五是加强饮水建设。投入资金9 459万元，新建自来水工程79处，维修改造317处。甘南农村饮用水四项指标全部达标。

提升民生福祉，共享扶贫成果。甘南县采取有效措施，切实解决防贫返贫问题，让所有群众共同受益。一是改善村屯卫生环境。实施村屯环境卫生整治，明确村屯道路修缮、树木种植、排水沟清理等整治内容，共投入1 296万元，农村环境卫生不断改善。二是组建为民服务队。以村为单位，以有劳动能力的贫困户和低收入群体为主，组建了为民服务队，负责改善村屯环境卫生，村屯环境面貌发生较大变化。三是积极推进文化扶贫。举行"驻村驻心"精准扶贫干群联谊会等大型文艺演出3场，自主创编歌曲、小品、快板等扶贫类节目12个，开展送戏下乡70场次，数字电影进农村1 340场次，县电视台播出"精准扶贫在行动""驻村工作日记"等节目220多期。

甘南县委、县政府带领全县人民艰苦奋斗、开拓进取。扶贫干部吃住在村，洒下汗水，无私奉献，承受辛苦，共同谱写了一曲齐心协力、精准扶贫、乡村振兴、共谋福祉的新篇章。全县GDP由2014年的62.8亿元增加到2017年的78.6亿元；农村人口人均可支配收入由2014年的5 170元增加到2017年的7 119元，年均增速11.25%，高于全国平均增速。"两不愁、三保障"有保障，

"三通三有"实现了全覆盖。经省级第三方评估单位和西藏省际交叉互检，2008年6月经国检，甘南县脱贫攻坚工作取得了阶段性、决定性的成效，从而，摘掉了全国贫困县的帽子。

结束语

甘南，作为一个革命老区县份，从1945年12月建立民主政权开始，就为积极发展自己、建立东北根据地、支援全国解放战争进而夺取全国的胜利、建立新中国而不懈地努力奋斗着。时至今日，已经经历了74年的历史。74年来，甘南人民在中国共产党的领导下，经历新民主主义革命、社会主义革命和建设时期、经历了中共十一届三中全会实行改革开放伟大历史转折，特别是在中共十八大、十九大以来，进入了中国特色社会主义新时代。今天，在纪念改革开放40年（1978—2018年）的日子里，中共甘南县委、县人民政府同全县人民在一起，认真总结74年来的历史，特别是改革开放以来的甘南改革发展的经验教训之所在，认真思考、整理县情，重新认识甘南的土地和民情，认为甘南在今后的发展中，仍然具备着充足的条件、丰富的优势、雄厚的基础和巨大的潜力。只要把这些优势和潜力都充分地发挥出来，甘南完全可以加快全面建成小康社会的步伐，完全可以实现现代化强国的宏伟目标。

第一，全县广大干部和人民群众，热爱中国共产党，热爱中国特色社会主义道路，具有较高的中国特色社会主义觉悟。特别是中共十九大以来，中国进入中国特色社会主义新时代，各级党政组织和全体人民认真学习和践行习近平总书记新时代中国特色社会主义思想，坚持改革开放、锐意进取、务实创新、励精图治、开拓前进，发扬革命老区的艰苦奋斗精神和革命奉献精神。

全县上上下下参与改革、推动改革、全面开放、全面创新，推动了现代化建设和社会各项事业的发展。这是甘南县中国特色社会主义现代化强国建设成功的思想基础和巨大的原动力。

第二，经过40年来、特别是中共十八大、十九大以来的改革开放和全面小康社会建设的实践中，甘南人民挖掘、培育了自然资源，为充分发展、持续发展，创造了雄厚的物资、经济基础。甘南县农业资源雄厚，耕地多、水源多、荒山荒地多、草原多、水面多，宜农、宜林、宜牧、宜渔、宜工，适合于现代农业、大农业的发展。县内农村一二三产业融合发展，产业化、新业态、现代化已具规模，各类农村合作社、家庭农场、种植业大户竞相发展，龙头企业加基地、互联网加销售，农村商品经济大发展、大产出、高效益。全县城乡开放式、网络型的市场体系和省市县际间多方位的协作网络，不断形成与发展。这是甘南县全面建成小康社会和实现现代化的雄厚物质基础。

第三，甘南拥有一定数量的科技人才、创新人才。建设中国特色社会主义现代化有着坚实的人才潜力。全县机关、事业、企业拥有大量科技人员和能工巧匠。同时，全县大力发展教育、科技、文化、卫生、体育等各项社会事业，各类科技人才不断涌现，实现使用留住科技人才的新政策，使他们的才能最大限度地发挥出来，变成强大的不竭的创造力。这是振兴和繁荣甘南的第一重要的宝贵元素和关键所在。

第四，甘南在全国各地有数以百计的本籍干部和曾经在县内工作过的干部和专业人才。他们在各条战线、各个部门担负着重要的党政军领导工作和科学技术工作。这些与甘南人民共同战斗过的同志，一直在关心、支持、帮助甘南的经济和社会事业的发展。加强同他们的联系和往来，加大招商引资力度，将对甘南的全面改革和现代化建设起到极为重要的借助作用。

　　上述这四大优势，已经为甘南各级领导和广大干部、人民群众所认识，特别是中国共产党的十八大、十九大以来，这些优势与潜力已经明显地发挥出来，形成了发展的新生动力。在中共甘南县委，县人民政府的领导下，30万甘南人民将坚定不移地沿着中国特色的社会主义道路，锐意进取，埋头苦干，为夺取新时代中国特色社会主义事业的伟大胜利、实现"两个一百年"的伟大目标而不懈的努力奋斗！

附 录

回忆解放甘南的前前后后

翟劲

甘南县，地处原嫩江省西部，虽土地瘠薄，多旱少雨，但是这里勤劳的人民，却顽强地依偎在大地母亲的怀抱里，世世代代坚强地繁衍不息，为迎接黎明而默默地奉献着。

甘南，也没有逃脱历史的灾难。曾经历了日本帝国主义铁蹄的蹂躏，又在"八一五"枪声刚刚响过、时局尚未稳定时，土匪、余孽四起，使本来就衰贫的山河，更加重了灾难，百业俱废，人民挣扎在死亡线上。黎明前的黑暗瞬息消失，在党中央"建立巩固的东北根据地"的精神指示下，嫩江省委决定，及早解放甘南，建立人民政权，抓生产，支援前线。就这样，自1945年12月11日，甘南广大人民夙愿得偿，重见天日，开始行使当家做主人的权利。几度春秋，如今她已经和全国形势一样，同步跨入令人振奋的以"改革总揽全局"的时代。

甘南，是我从华北新四军调来东北的第一个战斗岗位，也是我难以忘怀的第二故乡。回忆往事，虽已40余载，但记忆的年轮，却是永远抹不掉的。

奔赴东北开辟新的根据地

1945年8月15日，日本无条件投降，这是震撼天地的特大喜讯，他庄严地向世界宣告：伟大的中华民族是不可辱的。中国人民胜利了，解放区的人民沸腾了！当时，我们新四军第二师淮南地区的干部，也为之兴奋，欢呼雀跃，彻夜难眠。同时，我们也感到，由于形势的变化，新的战斗、新的任务在等待着我们。这一天终于到来了，党中央根据当时全国的政治形势，果断决定，调集二万干部、十万大军挺进东北。就在1945年10月上旬的一天，我在来安县的工作岗位上，接到了上级通知，调我到东北。上午接到通知，下午即背包出发，来到了当时华东局所在地江苏淮阴县，报到编队。孙达生同志负责办理了华东局的组织关系，有苏林、骆子程、张培凯、周刚、陈立新等同志。我们一行40余人，由江苏轻装徒步，日夜兼程，奔赴龙口上船。当时，由于没有气象预报，我们乘坐的一只小型机动货船，在大海上遇到飓风，一叶泛舟，在茫茫大海中时而推上浪尖，时而伏在浪底，海天相连，狂浪咆哮，仿佛立刻要把我们吞噬掉。小船的颠簸，令人难以忍受，由不吃不喝到腹中空空，几乎还要把胆汁吐尽，身体已达到难以支撑的程度。在极度难熬的时候，大家互相鼓励着，彼此关照着。此刻，从中进一步体会到团结一心、"同舟共济"的含义。我们这40多个顽固的生命，在硝烟弥漫的战火中顶住了敌人的枪炮，这次又以坚强的毅力，战胜了难以忍受的惊涛骇浪。风助浪威，浪借风力，迫使我们不得不在中途的一个小岛上躲避飓风。四个昼夜过去了，我们终于在辽宁省庄河渡口下了船。"迎接"我们的是东北十月的寒风，我们还穿着单衣、单裤，难以御寒，几乎是赤身露体的感觉。当地党组织立即从敌伪仓库中，给我们发了棉衣，还有一件军用棉大衣。彼此观望着这有趣的着装，情不自禁地笑了。有了棉衣御寒，也忘了颠簸和疲劳，立即徒步赶到凤凰城火车站，乘火车到了沈阳市。稍事休息，当时东北局负责人彭真、林彪向我们传达了党中央关于"深入农村，发动群众，建立巩固的东北根据地"的指示，并作了动员报告，宣布了分配名单，我和一部分同志分配到嫩江省政府报到。我们立即乘火车直奔齐齐哈尔。嫩江省政府主席于毅夫同志接见并通知我新的岗位是甘南县，向我介绍了地理环境和主要任务，西靠内蒙古、北靠大兴安岭，地址重要。当前主要任务是接收敌旧政权，迅速站稳脚跟，支援全国。由于地理形势优越，必要时，要做好省直军、政机关迁入甘南的准备。在座的汪渭同志（甘南县民主大同盟负责人）也介绍了一些情况。11月27日，嫩江省政府发给我"甘南县行政特派员"的任命状，另外还有一份给驻甘南苏联红军部队的俄文介绍信。就这样，我一无同伴，二无翻译和通讯员，单枪匹马，接受了去甘南县接收敌伪政权、建立新政权的任务。因为当时从齐齐哈尔到甘南的交通车辆全部断绝，唯一可搭乘的，只有驻齐齐哈尔市的苏联红军司令部每周一次通往甘南的汽车。我以急迫的心情，第二天一大早，来到了齐市苏联红军司令部，由于没有翻译和联络人员，就借助手势和半懂不懂的语言，彼此表明了情况。我等到下午四时，还没有见到去甘南的汽车，又过了一阵子，才知道苏联红军汽车早已拉了一车自卫军开走了，我白等了一天。到第二天我才得知，就在我等车要去甘南这个当儿，日伪残余和光复军勾结土匪，占据了甘南县城，并关押了甘南民主大同盟的同志。后来有些同志开玩笑对我说：你这位共产党的特派员，昨天幸好苏联红军没拉你去，否则你的脑袋也就搬家了。一日之隔，甘南的形势发生了急剧变化，接收敌伪政权的任务，必须要用武力来解决了。

攻克甘南县城　消灭反动武装

　　日本帝国主义无条件投降后，苏联红军派兵力进驻了甘南县城。日本副县长山本丰雄和30多名日本官吏向红军投降，被送往齐市待命处理。在这动乱之际，以伪县长张士选、伪警务科长于泮滨为首的维持会，纠集土匪和地方反动武装力量，强迫百姓，加固城防，修建碉堡，企图负隅顽抗，固守甘南，人民群众仍在水深火热之中。对甘南以和平接收改为武力解决，已成定局。就在1945年12月初，我随王明贵司令员，率领军区一旅一部分同志和骑兵团长李长德带领一个骑兵团，向甘南进发。行至快到甘南边界龙江张家地房子时，有家姓鄂的大地主，指挥当地发动武装向我军开枪射击，我军立即还击，轻取张家地房子，活捉了鄂大地主，缴获了40多匹大马和一批财物。除部分充实军队外，大部分粮、财、物分配给当地穷苦百姓，扫清了进攻甘南的一个障碍。第一仗打得漂亮，我军无一人伤亡，士气高涨，稍事修整，又部署下步战斗方案。

　　首先派人进一步摸清甘南县城内敌人兵力等实况。可巧的是我军当时有一位随军参谋李国柱同志，他是混血儿，不仅外貌长得和苏联人一样，而且还会说一口流利的俄语。经研究决定，由李参谋充当苏联红军，汪渭同志做他的翻译，向他们俩交代了具体任务和要求。在出发前改变了扮相，天刚亮各骑一匹高头大马，扬鞭奋蹄，朝甘南方向奔去。我们焦急地等待侦察情况。在落日余霞抹上天边时，通讯员报告"回来了"。他俩顾不得休息，便一口气汇报了侦察到敌人企图死守城池的具体情况：反动武装总指挥是于泮滨（伪警务科长）、副指挥王振国（光复军头目），还有一个副指挥刘际云（阿荣旗反动武装头目带领100多名土匪来支援甘南），以及城里四门部署的详细情况，都一一作了汇报。当情况汇报进入尾声时，有位同志好奇地问：你俩是怎样进城的？这时，李参谋又摆出了"红军"骑在马上的架势，讲述着：接近甘南县城南边，对守门的卫兵边打手势边讲了一大串苏联话。随后，汪翻译说红军首长有急事要同红军联系。没等守门卫兵回答，我俩早已朝红军驻处奔去。在城里如何扮演苏联红军的精彩"表演"，引得当场同志捧腹大笑。就这样，巧妙而又喜剧般地顺利完成了侦察任务。

王明贵司令员运筹帷幄，下令当夜十一时包围甘南县城，并做好了各项准备工作，准时进入阵地。零点攻城战斗打响了！经过三小时的激战，即12月11日早四时许，一举攻克了甘南县城。伪军大部被歼，活捉了伪县长张士选，缴获了大量武器弹药和军用物资，俘虏敌军300余人。所剩几股残匪，向甘南北阿荣旗方向狼狈逃窜，我军乘胜追击，阿荣旗也解放了。

打进甘南后，我们立即打开牢门，救出了被关押的民主大同盟的几位同志和部分进步青年。武力解决甘南县城，为建立人民政权，为建立嫩江省军政机关后方基地，开拓了道路。

巩固民主政权　建立可靠后方

1945年12月13日，甘南县贴出了嫩江省政府第一张公告：宣布翟劲任甘南县长，汪渭任副县长。告知这里的乡亲们，民主政权建立了！人民渴望着，久旱逢甘露。但是共产党究竟如何，还不全然知底。这种心情，对解放初期的基本群众来说，是可以理解的。所以，对我也是有各种各样的议论，共产党派来一名这样年轻的县长，办事能牢靠、能长久吗？有的担心，有的观望，甚至有的怀有敌意。为了建立巩固的民主政权，上有党的指示，又有军队的可靠力量，再加上大无畏的革命精神和广大可信赖、可发动的基本群众，就依靠这些，在这块千疮百孔、敌伪残余的废墟上，从零开始，创业起家。从五件事做起：

第一，挑选干部，组建政府。事在人为，人的因素第一，没人何谈创业。所以，我第一个注意力就放在物色干部上。干部队伍的来源大致是：一是民主大同盟的同志；二是从旧职员中挑选留用；三是从社会上招聘进步青年。我军打入甘南后，把城里所有的伪警宪特及一般的伪职员全部关押起来。经一番调查了解，启用了其中年轻又无罪恶的伪职员，对一般性问题的伪职员释放了。当时根据上级指示精神，还在县政府院内宣布了凡为人民服务，愿意为建立民主政权出力的，都可以上班。当时，就有20余人报名上班工作。县政府办公地点开始仍在伪县公署旧址，直至第二年（1946年），上级组织增派了一批关内来的老同志。政府各科、室，县辖各区（镇）逐渐组建和充实骨干力量。

第二，召开群众大会，追悼为解放甘南而捐躯的死难烈士，并处理好激战后遗留下来的有关问题。追悼大会是在甘南完全小学（今实验小学）院内举行，庄严肃穆，别有一番气氛。除追悼仪式外，会上嫩江省委副书记兼省军区副政委朱光同志到会讲话。这次大会开的及时，也很成功，即是对死难战士的悼念，也是宣传群众、动员群众的大会，使群众对党和民主政府有了一个初步的了解。

第三，为省政府、省军区由齐齐哈尔市迁往甘南做好了一切准备工作。1945年12月下旬，由于形势变化，时局所迫，省级机关暂时撤出齐市，甘南成了可靠的后方。省委决定，搬迁的省级机关有：嫩江省委机关、省政府机关、省军区、西满军区、军政干校等单位。省委书记刘锡五、省主席于毅夫、省军区司令员王明贵、军政干校教育长张瑞麟、齐齐哈尔市市长朱新阳、齐铁护路军司令郭维城等同志，也随机关迁到甘南县城。我把县政府机关大院腾出来，搬到永兴福烧锅办公，后来又搬到王家大院办公，把县政府整齐像样的办公室让给迁来的机关单位使用。僻静的县城顿时热闹起来，有些老战友在此重逢，倍感亲切。

第四，肃清残匪，巩固民主政权。甘南解放后反动武装势力和大股土匪被消灭了，但小股土匪仍四处流窜，危害人民，甚至伏击我军，袭击干部，令人深恶痛绝。当时危害最大的几股土匪有"好友""田升""草上飞""花蝴蝶"等。根据形势需要，成立了县武装大队和县公安队。大队长黄汇归、政委冯肖山（兼）、副政委张兴。这些同志都是从关内到东北来的同志。县大队负责守城和全县剿匪，公安队负责县城内的治安秩序，曾抓获一些潜伏的伪警宪特和毒品犯。县大队在亚东镇剿匪时，副政委张兴同志曾负伤。为建立和巩固民主政权，这两支力量，为甘南做出了不可磨灭的贡献。

第五，从全局出发，支援全省，要钱出钱，要物出物。1946年2月，突然接到情报，苏联红军和国民党要接收甘南，省级机关立刻要撤离甘南到讷河去。2月8日上午，省委书记刘锡五同志找我和冯肖山同志，向我们传达了这一紧急情况。并进一步部署：如果苏联红军和国民党来谈判，你们就以理据争，甘南县建立的是民主政权，不能交权；如果他们武力进攻，根据实力，能打则打，打不了就往东北方向的山区撤离，逐步向讷河靠近。接着省长于毅夫同志找我进一步提出要求：省委机关要撤离了，你们在这里要坚持独立作战。还说：省政府是空架子，缺乏财力物力，只有依靠你们支援了，要在最短的时间内，动员200辆大车，筹备4~5万元现款。在当时财力十分困难的情况下，从全局出发，为了省级机关和领导同志安全及时转移，我们没讲一分价钱，克服了一切困难，调动所有力量，连夜完成了任务。翌日，省级机关和领导同志均安全撤离了甘南县，朝讷河方向出发了。顿时，县城的气氛显得紧张。增设岗位，各方分工，干部带班巡查，并通知有关政府和公安队严密观察和掌握事态的变化。

几天过去了，苏联红军和国民党军队都没有来甘南，随着时间的推移，民主政权不断得到巩固。

支援前线　扩大生产

随着内战形势的发展，甘南县承担了支援前线、支援全省的光荣任务。1946年4月，齐齐哈尔市解放后，城市缺少口粮已成为首要问题。面对这一形势，作为先解放的甘南，责无旁贷，支援齐市，支援省会所在地，这是应尽的义务。我们立即组织力量，千方百计筹集口粮。在关键时刻，克服了重重困难，及时运往齐市240余辆大车粮食。这是"雪中送炭"，这是先期解放区人民支前的可贵心情。为此，得到省主席于毅夫同志的表扬。

为了保卫东北，保卫胜利果实，从全局出发，动员民众，积极参军参战。先后欢送了830余人、担架70余副、大车70余辆、马160余匹上前线。在前线上，甘南派出的战勤人员，通过敌人封锁线，按时到达前沿阵地，受到战勤总部的通报嘉奖，荣立三等功。与此同时，甘南还抽调了50余名骨干力量，南下支援解放区工作。甘南在支前工作、支援新区工作上是有贡献的。

把农业生产搞上去，这是进一步巩固民主政权，支援前线的有力保证。在发动群众，搞好城乡工农生产的同时，还支援了省里在甘南县平阳区建设查哈阳灌区农场的工作。充分利用查哈阳的水利工程优势，积极发展水稻生产。同时，利用水土优势，在宝山地区建立了县辖的红星农场，利用水利资源，开发水田，种植水稻，改善人民生活，支援前线。彻底结束了只准日本人吃大米，中国人吃大米是"经济犯"的罪恶历史。时间在前进，生产在发展，人民生活在改善，政权得以巩固。

甘南县的干部和广大人民，在1946年和1947年，解放初期这段形势十分艰难的情况下，从全局出发，作出了应有的贡献。

甘南县在中国共产党的英明领导下，广大人民挣脱了枷锁，行使了当家做主的权利，生产、生活步步高。暑去寒来，几经风雨。如今已和全国各地一样，跨入了改革年代，迎来了一个又一个新的胜利。广大人民在这红红火火、日益富庶和幸福欢聚中，也没有忘记过去。

写于1988年

　　注：翟劲同志是中国共产党解放、接收甘南，建立民主政权时的第一任县长，后调到黑龙江省水利厅工作，曾任副厅长。

回忆冯肖山同志在甘南的二三事

何南

　　冯肖山同志离开我们已经整整16个年头了，他的生命是在1972年被"史无前例"的巨大灾难夺走的。作为他的学生和长期共同生活的伴侣，我每想及肖山同志的一言一行，心情总是不能平静。时至今日，他那严格要求自己和谆谆教诲别人的音容笑貌仍历历在目，尤其会想起我们结婚前后在甘南工作期间的往事，仍记忆犹新，难以忘怀。

　　我是1948年初调到甘南县联合会（党组织公开前的县委会）工作的。冯肖山同志是联合会政委（党内县委书记），因他能密切联系群众，所以干部、群众都亲切称他冯政委。

　　他工作勤奋、认真。1948年是土地改革后的第一年。广大贫下中农分得了土地、耕畜、农具，生产积极性极为高涨。上级党组织又号召大生产运动，多打粮食，支援解放战争。为了完成增产粮食的任务，冯肖山同志经常往乡下跑。那时交通不便，不仅没有公共汽车，连马车也没有。下乡除少数时间骑马外，多数时间是用两条腿走。他经常吃住在贫雇农家里，发动和组织群众生产，帮助解决耕畜、原料和籽种不足的困难。那时，机关人员编制很少，县委书记也没有秘书，他总是口问手写，亲自搞调查研究。回到家里也是亲自动手整理材料，忙于准备会议或是向上级报告，经常在煤油灯下忙到深夜，而从不说一声苦和累。记得这年夏天我们结婚时，他就经常咯血，但他从不在乎。咯血时就自己喝点盐水，也不去找医生诊治。我劝他看病时，他却说我："你小知识分子，有点病就要上医院，跳虱咬了下也上医院！"他就这样，一直坚持工作不休息。

他生活艰苦朴素。记得我们结婚时的被褥都是冯肖山从关里来东北时组织发给他的。被子是旧的，很薄很薄，褥子也是军用的旧褥子，褥单是白粗布的，加上一只旧木箱，这就是我们结婚时的全部财产。在甘南工作四年多时间，虽然冬季那么寒冷，但他就穿一件伴随他多年的破羊皮大衣，从而不更换新的，好的。他1949年5月调任省商业厅第二厅长、省供销合作社总社主任。临走时他特别嘱咐我：凡是公家物品，什么也不能拿，哪怕一针一线也不能拿。可是，不知哪位同志拿了一顶草帽，他知道后还把人家好顿批评。他对我更是严格要求，要我和其他女同志一样学习、工作和生活。我们结婚以后，大约在1948年我就怀了孕，在此期间，我始终和大家一样到集体食堂就餐，常常是一进食堂就想吐。冯肖山同志听说我想吃点面条，曾多次和我说："我们不能搞特殊，现在生活都这样困难，我们不能开小灶。"后来，实在没有办法，我只好向家里要了点钱，可是，却怎么也不舍得花，最后用这点钱买了一个床单。由于我怀孕期间营养不好，小孩降生只活一天就夭折了。

他对人关怀热情，循循善诱，诲人不倦。对工作他是一位严肃、认真的领导者；对同志，对每一个人，他又像一位慈祥的师长。由于他经常深入基层、联系群众，所以他每到一地，身边总是围拢一帮子人，有放映问题的，也有找他帮助解决困难的。对这些人，他总是热情接待，谆谆教诲，耐心帮助，有的同志工作遇到困难或受到了挫折时，经他耐心地鼓励教育，就又重新鼓起了勇气，克服了困难，完成了任务。尤其对我这样当时参加革命时间较短的人，教育、鼓励就更大了，使我终生难忘！

写于1988年

注：冯肖山为1945年底中国共产党解放接收甘南后的第一任县委书记。何南为冯肖山的妻子。

忆在甘南县的剿匪斗争

吴永福

我们到甘南后，嫩江省工委书记、省军区政委书记刘锡五同志接见了我们，在座的还有省工委组织部冯纪新同志。刘锡五向我们介绍说：根据国民党政府和苏联政府签订的协定，苏军要把东北交给国民党，让我们撤出齐齐哈尔市。省工委、省政府和省军区都要撤出来。根据东北局指示，要放弃大城市，占据中长铁路两侧的广大地区。我们要建立以讷河、龙江为中心的根据地，与国民党展开斗争。现在龙江、讷河、甘南、景星、林甸、泰来等乡村都有地主武装，国民党收编了土匪队伍，组织挺进军七个旅，有的叫光复军，有的叫保安队，都是专门与我们对抗的政治土匪。现在省军区已组建警备一旅和二旅，王化一任一旅旅长，宋康任副旅长，他们和王明贵司令员出去剿匪。张汉丞任二旅旅长，厉南任副旅长，尹诗炎任政委。你们来了正好，有了干部就可以建立旅部和团的组织了。刘政委提议让赵敬瑛同志任军区保卫部长，让我任二旅副旅长兼参谋长。我和赵敬瑛同志提出："把人都集中在上边不是好办法，得下去抓军队，有了军队这个拳头，才能打击敌人，保卫内部，向外发展，否则连脑袋都保不住啊！"刘政委听了很高兴，当即答应了。让我任四团团长，赵敬瑛任政委，王理智任副团长，陶恒连任政治部主任。

接着我们见了二旅旅长张汉丞，研究了四团组建问题。张旅长讲，自他10月到这里后，已招收500多名新兵，苏皖地区来的干部在龙江一带又招收了800多名新兵，合到一起可组建两个营、六个连。当即任命从新四局来的干部张广贞为一营营长，李超为教导员；刘绍发为二营营长，夏泽然为教导员。以后，又建立三营，营长王久珍，教导员孔庆华。

四团组建后，我们向张旅长提出：总叫敌人包围着我们不行啊！出去打他一下不好吗？张旅长和刘政委研究后，同意了我们的意见。我们便做了出征的准备。听说甘南集贤村有土匪，我就带两个连去打集贤村，可土匪闻风而逃。我又带兵攻打甘南七区的中兴村，一接火土匪又跑了。我带队边打边扩军，又回到集贤村。自此，集贤村就成了我们的大本营了。

这时旅部的组织机构也健全了，政治部主任刘华，参谋处长翟曾平，后勤部副部长范琼。旅部下设宣传科、卫生队、保卫处，还有一个直属骑兵警卫连，连长张同卿，指导员刘曙仁。

激战小水泉子

为了打击土匪，扩大自己的队伍，我带了一个营到了中兴村，派一营长张广贞带三连去于家窝堡，张贴布告，搞宣传动员扩军。他们刚到小水泉子，就发现敌人的大队骑兵上来了。张营长和仇国富连长急忙下令："占领阵地，坚决顶住！"这时，三连出了叛徒，开枪打死了二排长（名字记不清了）。并大喊"投降吧"。一些当地招收的兵，就一窝蜂似的将仇国富和三连从关内来的干部绑了起来。张营长在后边见势不好，勒马返回。马副指导员也抓住一匹马，骑上跑回来。

冲上来的敌人是黑龙江挺进军第六旅，旅长叫尹彬浦。他原是碾子山自卫团团长，被国民党的马川越收编。他们是骑兵队伍，行动快，将我三连全体指战员包围俘虏后奔向中兴村。我听了张营长的报告，观察敌人的动向，立即命令二连占领村公所的四个炮台。我布置关内来的干部，每人持一挺轻机枪守住炮台。我把二九式重机枪用火烤好（因天太冷，不烤打不响），并命令谁也不准乱动，都靠墙坐好，谁乱动就枪毙谁。当时，我心中也没底，对部下战士不熟，他们又都是本地人，怕再出叛徒，我又命令："我一开枪，你们一起瞄准射击！"

黑六旅（全称东北挺进军黑龙江第六旅，故称其为黑六旅）匪徒的骑兵很快包围了村公所的大院，并对我们喊话："你们快投降，就一个连，跑不了啦！"我们在炮台上答话："好，你们快来吧！"我见敌人骑兵已靠近了大墙，我大喊一声"打！"我的重机抢先打响了，四个炮台的轻机枪接着也打响了，步枪也同时开了火，敌人的骑兵像刀割麻秆一样，很快就倒了一片，没倒下的勒马逃窜。我又喊"停！"我们的火力停住了，但仍被敌人包围着。当我们刚刚被黑六旅包围时，在外边的战士谭丹桂，飞马向集贤村报信。赵敬瑛政委听到报告后，立即组织队伍前来支援，因天已黑，敌人不知援兵有多少，慌忙向西逃走。赵政委带队赶到中兴村，我们便一起回到了集贤村，便查点人数，没有伤亡。可是，若不是赵政委及时增援，再过几个小时，子弹打光了，我们一连人恐怕一个也剩不下。

到集贤村后，我们又想起了三连干部战士被俘后，敌人把他们带到哪里去了呢？这使我们坐卧不安。第二天拂晓，我决定带人在去于家窝堡和中兴一带看个究竟。赵政委说："老吴啊，你去风险太大。"他越劝阻，我越感不安。我带了8个人，每个人配长短枪各一支，一把马刀，骑马奔向于家窝堡、小水泉子和中兴村。从老乡那里得知，三连干部战士89人被黑六旅带到碾子山去了。我们看了现场，付给老乡工钱，请他们把已牺牲的二排长埋葬了。我们又返回到集贤村。

省工委和省军区以及二旅的领导对被俘的三连干部战士都很关心。后来通过苏联红军的帮助，迫使黑六旅释放了被俘的干部战士。

血战张家大沟

1946年1月2日，我们又回到了甘南。我们边抓部队的政治、军事训练，边派干部了解甘南的地理民情。我们从老百姓那里了解到黑六旅和黑七旅在甘南、龙江一带专门与我们为敌，活动十分猖狂。我们把情况向军区汇报后，军区领导感到不消灭这两股土匪，我们就站不住脚。于是，决定集中力量攻打黑六旅和黑七旅这两股顽匪。战场选定在甘南、龙江交接处的张家大沟。当时，一、二旅的领导同志都到现场观察了地形，当即研究了战斗方案，确定了攻击目标是敌人占据的张家大沟西的野猪窝，采取的战术是中间突破。兵力安排是：一旅从南面攻，我带二旅从张家大沟西山头出击。战斗方案确定后，于1月上旬的一天，我们分别进入了阵地。黑六旅和黑七旅的情报也很灵，根本没把我们放在眼里，故意拉开要消灭我们的架势，向我们阵地攻来。战斗打响了，一旅在南边先打冲上来的"红枪会"，后打骑兵。我们在北边打黑六旅。敌匪骑兵有一两千人，轮番往上冲。我们只有一千多步兵顶住敌人的进攻，仗打得十分激烈。在战斗中，我们击毙了黑六旅尹彬浦最得力的团长张百奎。而我们一营营长张广贞也壮烈牺牲了。张旅长怕我们顶不住，派人通知我们撤退。这时天到中午，二营撤下去了，如果敌人从二营那边冲上来包围我们，我们也就完了。可是敌人并没有分兵包抄，而是死咬我们阵地不放。这时张旅长又下达第二次命令，让我们撤退。我和赵政委一研究，一致认为要一撤，敌人骑兵会立即从后边追来，我们恐怕一个也剩不下。即使敌人晚追几分钟，我们撤到沟底，敌人从后边打，爬坡的我们更难保全。不如占据有利阵地不动，坚持到天黑再撤。那时敌人看不清我们的行动，我们也好保全自己。因此，决定不撤，顶住打。这场硬仗，直打到天黑，敌人虽然多，但始终未攻上来。他们伤亡很大，达几百人，开始怯阵了。我们伤亡也不少。天黑了，敌人攻的不那么紧了，拉出了撤退的架势。我们感到再打，寡不敌众，也乘机撤了下来。当我们到太平村时，张旅长见到我们高兴地说："你们坚持得好啊！"

除夕之夜战黑军

张家大沟战斗后，我们又返回了集贤村，总结经验教训，整顿队伍，进行政治和军事训练。同时进行扩兵，并派侦查员侦查黑六旅、黑七旅的动向。

春节前得到的情报说，黑六旅和黑七旅已集结在从碾子山到太平村、张家大沟一带各村屯，准备过完春节，向甘南进攻，要想吃掉我们。省军区研究决定：与其决战！因此，当即召开了连长以上干部会议，进行部署，决定除夕夜行动。兵力安排是：一、二旅两千多人全部出动，按营、连分战斗任务，包打住在各村屯的敌人。团干部分别到各营、连去，直接指挥战斗，任务落实到人头。

除夕之前，部队开始向各自战斗阵地转移。我的任务是带二营到张家大沟，消灭黑六旅的旅部。到半夜时，部队基本上到达了战斗地点，并包围了敌人。黑六旅和黑七旅准备在这一带过个安安稳稳的春节后，再向我们进攻。没想到我们走在他们的前面，先包围了他们。午夜到了，指挥部发出了进攻的信号弹，战斗打响了。住在各村的敌人有的集中在一起，有的分散在各家各户，正在包荞面饺子呢，没来得及吃，就被我们消灭了。这一仗打得黑六旅、黑七旅晕头转向，仓皇逃窜，溃不成军。我带二营营长在张家沟开火后，黑六旅的匪徒支持不住，纷纷上马逃命，我们堵住打，敌人拼命往外冲。我们虽然是步兵，但紧追猛打，打得敌人死的死，逃的逃，扔下无数具尸体和伤号、马匹等。

我们根据指挥部的命令，乘胜追击。正月初三解放了碾子山，正月初四解放了李三店。自此，我们的地盘，从甘南扩大到龙江县。黑六旅和黑七旅再未敢和我们较量。我们在嫩江平原上击溃了两支貌似强大的顽匪，为人民除了一大害。从此，我们的脚跟站稳了，人民过上了安居乐业的生活。

写于1988年

注：吴永福同志参加完甘南的剿匪斗争后，一直在军队工作。

百战威名播塞北　千秋遗爱著甘南

马玉林

记得儿提时，我就最爱听老人讲王明贵打日本鬼子的事。后来，在我的脑海里又逐渐增加了许多关于他近乎传奇的故事。比如"夜袭警察署""神兵巧取许家围子""智取棒子刘""虎口脱险"，等等。因此，这位将军自然就成了我心目中最崇拜的英雄了。我常想，如果哪一天能一睹将军的风采，那该多好呀！

说来也巧，我的这个幻想竟实现了。在那柳丝嫩绿、春光明媚的日子里，我受组织委托，与有关同志一起，来到哈尔滨，来到省军区司令员王明贵的家。

首先接待我们的是王明贵的爱人贾纯一。她热情地端出奶糖和香烟招待我们。我坐稳后，用目光扫视了一下周围，这是一间朴素而整洁的屋子，墙上挂着一幅中国地图，一部电话机摆在写字台的一端，靠墙角有一书柜，再就是我们坐着的半新不旧的长条沙发，前面有一茶桌。看样子这里是司令员办公的地方。

不一会儿，一位健壮的老军人满面笑容进了屋。贾纯一介绍："他就是王贵明。"顿时，我竟感到不知所措，慌忙站起来敬礼、问好。司令员随和地说："你们路上辛苦了！"说完，他和我的手紧紧地握在一起。这时我忽然觉得他的大手是那么有力！是啊，这是握枪杆子的手，这是指挥千军万马的手，有多少敌人死在他的手下，又有多少同胞被拉出苦难的深渊！我望着眼前的司令员：高高的个子，笔直的身材，威武的神态……与我心目中的将军形象是何等相似。只是头上多了些白发，饱经风霜的脸上添了皱纹，军装洗的有些发白，我不禁肃然起敬。

坐下后，我向司令员说明了来访的目的和要求，请他给讲一讲过去的事，他愉快地答应了我的请求。司令员精神饱满，话语铿锵，整个谈话充满了他对日本侵略者、国民党反动派的仇恨和对甘南人民的热爱。讲到激动处不时站起身来，打着手势，一副当年指挥作战的气派，完全把我融进了意境之中。

王明贵于1934年参加革命，在抗日战争和解放战争中，一直率部队转战在大小兴安岭和松嫩平原，曾为甘南乃至全东北人民的解放立下了不朽的功绩。他愤怒地控诉了日本侵略者和国民党反动派的罪行："平阳那个地方很好，那里是大平原、大草原，有江有水，是发展农业的好地方。日本帝国主义侵占东北后就看中了这个地方，在哪里建立'开拓团'，抢占了土地。他们抓了很多劳工，强迫他们在查哈阳渠首和黄蒿沟水利干线干活，想要把诺敏河的水全部用来灌溉稻田。他们的计划很大，（学日本）'小小的哈尔滨，大大的查哈阳'嘛。但修了几年，最后没修成，修这些工程死了很多人。（我插话："死了好几万人。"）如果继续搞下去，不知还要死多少人，这些都是中国人啊！"

国民党反动派与日寇相勾结，欺压人民，为非作歹。"八一五"光复后，他们不交枪，成帮结伙拉队伍，组织光复军，继续与人民为敌，干了很多坏事，犯下滔天大罪。他在列举了国民党特务、汉奸、警察相勾结，在平阳周围拉队伍、抢地盘的情况后说："这些队伍总共能有万八千人，其中有不少是骗来的老百姓。他们把队伍拉起来后，提出了'拥护国民党，保护老蒋，当中央军消灭八路军，去打共产党'等反动口号，干尽坏事。"

"那时，甘南、阿荣旗、东阳、平阳等地都被国民党军队占领了，我们就一个一个去打。"他先介绍了解放甘南城、阿荣旗和东阳的情况，又详细叙述了解放平阳镇的全部经过。他说："在队伍没到之前，我就写信给付显达（国民党党部书记、匪首），要他为和平解放做出贡献。我记得信是这样写的：'你们是笼中之鸟，瓮中之鳖，我们有政策，交枪我们不杀，如果你们要打，最后只有死路一条，别的出路没有。'付显达不干，因为他有罪恶，怕不好向人民交代，这样我们就去了。""我们去了一个旅，我是司令员，王化一是旅长，宋康是副旅长，夏复仁是政委。""打的情况是这样的：我们在拉哈江桥搁了一个骑兵团，在平阳我们留了一面，主要在东门和北门攻打。虽然打得很厉害，最后还是攻进去了。有一部分匪兵坐车想往拉哈跑，叫骑兵团给打得死的死，伤的伤。开始我们没打炮，为的是少死人，里面还有老百姓呀，打死他们怎么办呢？如果开始就打炮，我们用不着牺牲那么多人。后来付显达、梁中校（梁兴武）都被俘了，有二百多人。战士们打得很勇敢，猛冲猛打，不怕流血牺牲。虽然我们有损失，但我们是胜利者。"

他还着重谈了我党我军对敌政策："战士们看到俘虏，眼睛都气红了，抓住俘虏就要杀。这时我和夏复仁政委等一些领导赶紧拦住他们，我对战士解释说：'我们的心情都是一样的，但我们党和军队的政策是不杀俘虏，他们当中有不少是骗来当兵的老百姓，都有家有业，不能杀呀！不能因为一时解恨就不顾党的政策！'经过再三劝阻，战士们才没动手，后来这些俘虏经过教育都放了。党的政策很重要，我们对俘虏政策执行得特别严，这一点平阳的老百姓都知道。我们对日本人也是这样，用政策感化他们，比如我们打平阳时有些伤兵，日本人还给我们送药、治病。这说明我们党和军队的路线、政策是正确的。那么我们为什么还要打他们呢？因为他们有罪恶，不打他们，还要为非作歹还要欺压人民。"他叮嘱我们："不要忘记日本人强迫我们做劳工，不要忘记国民党反动派欺压我们，更不要忘记是共产党的军队消灭了他们！"

他在总结我军胜利、敌人失败原因时说："侵略者不得人心，早晚好不了。不是我有意宣传，你强占了人家土地，叫人民当牛做马，当然不行，最后还是要滚出去的。还有那些民族败类，比如汉奸、工头等，他们不知道共产党和人民的力量大。我军有党的正确领导，有政策、有道理、有人民，就胜利了。敌人没有这些，就失败了。"

司令员十分怀念战争年代跟他出生入死的战友和曾给予他和军队巨大支援的老百姓："我的老战友、老抗联战士贺金来，是嫩江军区副官，大高个，三十多岁，共产党员。他是去街里（指平阳镇，作者注）侦察敌情时牺牲的。（我插话："听说他牺牲时您很痛心。"）是的，他没有倒在日本鬼子的枪林弹雨中，却死在中国人手里，还没有看到人民胜利就牺牲了，很可惜呀！还有一个1945年8月份参军的小孩，是阿荣旗千家户人，姓名记不起来了，他是我警卫员王文元的表弟，他们是一起参军的。他牺牲时只有17岁。平阳的老百姓很好，给了我们很大支援。郭家老乡对我们的帮助很大，不但让我在他家住下，还给我们提供不少情况。老百姓对我们的抗日斗争是同情和支持的，他们采用不同的方式进行反抗。有些人虽然当时没有直接参加战斗，但心还是向着我们的。像深泡子就有个老李头，他以长工身份为掩护搞地下活动，与我军接头，接头地点在王凤池家。我们在袁明儒家也得到不少消息。宝山的王凤池、王凤途、王会英、袁明儒，人都不错，他们在那个年代给党、给国家，给人民、给抗日联军办了那么多好事很不简单。还有董向山，我们有一台油印机放在他家保存，始终没有暴露，那时候如果暴露了是要杀头的，我们是要受损失的！"

他还讲了一件事："有一次我们从宝山深泡子屯出来，遇到一条河，由于只有一条船，整整过了一宿。部队刚刚过完就碰上了数倍于我们的日本鬼子。我们赶紧躲在附近苞米地里，眼瞅着这些鬼子过河进了屯。我捏了一把汗：如果有人把我们说出来，那就损失大了。我们都做好了战斗准备。可敌人到了屯子里，王凤池村长没有说，屯子里的老百姓谁都没有暴露我们的去向。这是多么了不起的事情啊！"他稍停了一会儿提高声音说："我们现在活着的人，不要忘了过去参加革命的人，比如千家户的人，包括参军的，地方工作的干部，那时候不容易呀，有的参军就走了，家里人谁也不知道。"

我们应司令员之邀，与司令员及家人共进午餐。席间，司令员深有感触地回忆起来当年："你们都听过'火烤胸前暖，风吹背后寒'、'天当被地当床'这首歌谣吧，那就是我们真实的战斗生活，恐怕你们现在这些年轻人谁也受不了吧。那时我们的指挥员，打仗总是冲在前头，牺牲了那么多好同志。我是幸运者，那么多子弹、炮弹，偏偏没把我打死，最后还看到了革命胜利，也算命大呀。"我们共同站起来，为司令员祝福、干杯。

在我们访问即将结束时，我双手递过钢笔，请司令员给题字留念，他毫不犹豫地挥笔写下"继承革命先烈志，奋力振兴我中华"十四个大字。司令员语重心长地对我说："我们打了江山，继承要靠你们啊！"我深深地点了点头。接着，他与爱人贾纯一和我们一起留影纪念。

临分别时，司令员叮嘱我们："甘南是我们抗日战争的游击区，解放战争的根据地，直到全国解放。甘南人民很好，我对甘南人民很有感情。你们回去后，要代我向甘南人民问好，就说我非常关心他们！"我表示回去后"一定向父老乡亲转达他老人家的问候，并感谢他对甘南人民的关怀和期望。为了甘南的繁荣昌盛和人民幸福，我们一定会贡献出全部的力量"。司令员点点头，满意地笑了。这时，我和司令员的手又一次紧紧地握在了一起。

写于1995年

注：原平阳镇文化站站长马玉林为纪念抗日战争胜利50周年，专程采访了王明贵司令员，并撰此文。

革命烈士英名录

革命烈士英名录，记载了革命老区甘南县内抗日战争、解放战争、抗美援朝等历次战斗中牺牲的烈士，以及社会主义建设时期以身殉职、被政府批准的烈士。现知道姓名的共计287人，其中：甘南镇20人、平阳镇18人、东阳镇24人、原宏建乡21人、兴隆乡5人、音河镇5人、原长吉岗乡8人、宝山乡34人、查哈阳乡21人、巨宝镇19人、长山乡21人、中兴乡45人、县良种场1人、查哈阳农场32人、双河农场1人、其他12人。英名如下：

李巨峰、谢治军、王焕禄、阎作新、都佩臣、张相生、
陈恩惠、刘纯生、高中才、樊学良、李仁堂、刘洪富、
赵　军、郝凤臣、路来成、李述金、戴国强、佟风文、
刘忠发、穆作新、花长顺、孙洪太、刘玉章、汤　福、
张喜连、毕远峰、胡万清、陈　君、张永臣、刘风海、
王玉习、李　斌、贺金来、张　文、孟广海、洪玉璞、
唐继尧、周来子、杨　富、徐维正、张福元、黄清海、
刘德喜、胡文学、廉学山、于喜刚、李景才、孔宪文、
徐绍仁、龙占河、王　福、马龙海、李　福、蔡景江、

王化志、赵沛阁、许德才、陈 发、李国宽、周龙久、
孙祥太、王庆华、于振和、王守义、刘景春、刘玉印、
刘希林、王喜山、尹玉强、苏 玉、曲振海、武秀礼、
孙廷开、李学文、程永山、张宝山、苏成山、张文全、
王永梅、曲孝申、曹永才、刘喜林、高英义、于德林、
郭学忠、马凤武、刘庆芝、赵明超、孟兆忠、张 恩、
唐作宝、王廷英、贾殿祥、姜祥忠、孙宪元、殷 凯、
邬云发、王景坤、高学义、王仁田、王永贵、郭景洲、
王 海、李景春、程绍胜、段兴祥、刘玉廷、王 贵、
林树清、韩守义、王 发、李树林、马占海、蒋洪城、
汤福喜、徐伯昌、王富友、杨田玉、黄海龙、王恒友、
刘 奎、于 才、于德和、刘万山、张富芝、马骏贵、
王玉斌、刘国栋、刘平远、魏恩久、董万春、翟瑞祥、
张贵玉、赵松林、孙凤山、李 江、杨德春、孙久占、
孙万富、王 珍、张 臣、龙殿富、李士才、张成春、
史金荣、周考元、许景山、邓喜山、张文太、崔忠连、
王凤海、刘希福、张贵荣、陶作林、张成喜、傅绍先、
张祥文、夏忠良、裴景忠、刘忠发、张志河、杨克庆、
刘凤岐、任凤坤、杨德胜、赵海涛、董国江、陈 振、
武善平、杨德法、马德海、初德林、张明生、董照湖、
宋德文、任明和、郭万山、王殿瑞、顾俊和、王维忠、
么兴荣、张 真、李兴偖、于 君、高玉刚、陶彦波、
崔兴太、唐海龙、张希有、王占山、靖广发、李广汉、
程万国、李德富、刘振忠、王 路、王凤山、沈洪春、
李洪荣、杨德清、李焕凤、冯德育、孙丕成、李灿余、
李书廷、王树明、耿 伦、刘忠义、王殿文、候树坤、
王广文、刘殿举、李永才、张继生、曲凤益、李凤德、

姚喜贵、李治发、白俊祥、李绍真、冯显仁、晏德恩、
仁庆恩、朱景红、王连庆、刘　生、张永凯、李佐树、
李学荣、丛文汉、杨新如、范巨文、高连庆、董玉君、
王德文、李德玉、王　祥、曹盛国、程远奎、郭丛山、
陈义才、姚文斌、赵津林、姜其升、周祥阁、梁　玉、
姚忠海、赵凤先、马登顺、郭　才、于万顺、巴长文、
金凤钧、权太兆、许双吉、姜永贵、安俊峰、韩　喜、
张宝俊、马成昌、丛万春、李景全、武同锤、王永祥、
吴俊贵、张志林、王玉魁、武国纯、杜占亭、张占福、
李义春、乔文华、张宝祥、李伯祥、秦永生、贾永言、
刘伯秋、贾明仁、赵俊德、孙振生

后 记

  为了庆祝新中国成立70周年，纪念甘南革命老区建设、发展74年的历史业绩，特别是改革开放40年和习近平新时代中国特色社会主义思想的光辉成就，激励全县人民发扬老区革命精神，坚定建设中国特色社会主义现代化强国的信心，抢抓机遇，更好地承担起建设富强民主文明和谐美丽甘南的历史使命，进一步推动全县经济社会按照习近平新时代中国特色社会主义思想发展，在县委、县政府的大力支持下，由县老区建设促进会联合组织编撰了这本书。

  在一年多的时间里，编写组成员为了搜集第一手资料，多次深入有关部门、乡镇，拜访查访当事人，在纷繁复杂的史料和素材中，去粗取精，由表及里，反复分析综合，逻辑地再现规律性的东西，精心地撰写成文稿，反映了事情现象本来的面貌。《甘南县革命老区发展史》，全书共分九章。分别由纪世昌、何文光、杨洪安、李兴道负责撰写与编辑工作。县有关部门领导及有关同志、县老促会领导和全体同志，多次进行增删校审，市老区建设促进会统审定稿。

  本书在编写过程中，吸收了《甘南县志（1986—2005）》、《中国共产党甘南历史》第一卷、《甘南党史资料》、《甘南简史》、《甘南年鉴》、《甘南史话》中许多材料与研究成果。同时也得到县统计局、民政局等相关部门人员的大力支持，在此我们一并表示诚挚谢意。

由于时间和水平有限，本书疏漏、不当之处在所难免，欢迎各级领导和广大读者批评指正。

编　者
2019年4月